知名度の上げ方

株式会社Suneight
代表取締役
竹内亢一

CROSSMEDIA PUBLISHING

はじめに

僕のことを知っていますか？

令和の虎で天然ブルドーザー、ＹｏｕＴｕｂｅ界の太陽と呼ばれた竹内亢一と申します。

僕は【顧客を話題の真ん中に】をビジョンに掲げる株式会社Suneightという動画マーケティング会社の代表を務めています。

それまで飯を食っていた音楽業界から28歳のときに独学で動画の世界に飛び込み、15年以上、誰かの知名度を上げることだけにコミットしてきました。

これまでの実績（２０２４年1月現在）は

・運用チャンネル250ch以上
・月間8800万再生以上
・総再生回数53億回以上
・総チャンネル登録者475万人以上
・年間動画運用本数18000本以上
・金の盾1枚、銀の盾21枚獲得

・令和の虎CHANNEL（登録者数110万人）
・wakatte.TV（登録者数48・5万人）
・FCチャンネル（登録者数18・3万人）
・年収チャンネル（登録者数27・2万人）

など、この辺のチャンネルはみなさんに知っていただいているかもしれません。
実名は出せないですが、某キー局やメガバンク、超大手出版社など、かなり幅広いチャンネルに携わっています。

ほかにもゼロから数万フォロワーを獲得した企業アカウントは多数あり、自社メディアも採用目的で「メンヘラ秘書」というブランディングでＹｏｕＴｕｂｅ・ＴｉｋＴｏｋ共に開始１年以内ですが、５万人以上のフォロワーがいます。

動画マーケティングと聞くと、なにやら難しい話に聞こえるかもしれませんが、この本では堅苦しく「動画とは？」ということを説明するつもりはありません。

僕が伝えたいこと――それは「**知名度**」についてです。

もっと言えば、知名度の上げ方といかし方です。

きっとあなたは、いろいろな事情から「知名度」を欲していると思います。

・もっともっと売上を伸ばしたい社長さん
・うまく集客ができないフリーランサー
・魅力を伝えきれず求職者が集まらない人事担当者
・有名になりたいタレントやアーティスト

・それこそYouTuberやTikToker

などなど――。

知名度があれば、その悩み全て解消できます。

控えめな人はよく「表に出るのは、ちょっと……」と言いますが、人間は承認欲求の塊です。ぶっちゃけ知名度を欲してることに向き合ってください。

知名度には2つの道がある

知名度と聞くと、芸能人やインフルエンサー、YouTuberというイメージがありませんか？

ある種のタレント性や尖ったキャラクターで人気を獲得したり、真似できない才能でコンテンツを連発したりして、有名になっていく。

もちろん、これは王道のやり方だと思います。

ただ、全員が全員できるかというと、ぶっちゃけ無理です。

実は、いわゆるインフルエンサーとは違う、もうひとつの方法があるんです。

それが、**スーパーニッチ戦略**です。

本当に小さなテーマでファンを獲得し、確実に成功体験を積み重ねながら、ジャンルを広げていく方法です。

ラーメン屋さんでたとえると、

町で一番有名
↓
市で一番有名
↓
県で一番有名

というイメージです。

最初から大きな面を取りにいかず、スーパーニッチ戦略で雪だるま式に知名度を上げていくのです。

僕が知る限り、再現性を持って知名度を上げるには、この方法がベストだと思います。

知名度を上げるにはテクニックを学ぶより、その手前のマインドに気づくことが大切。この本では、意外と知られていない、知名度を上げる法則を話していきます。

目立ちたがりは、才能だ

ただ、知名度を上げることに関して、向いている人とそうでない人がいます。

たとえば、あなたが経営者で、ある売上目標があるとします。

「表に出ずに地道に3年かけて達成するプランと、派手に露出して1年で目標達成するプラン、どちらがいいですか？」という質問にどう答えますか？

自分が表に出るのが恥ずかしい人は、地道な方を選びます。逆に目立ちたがりな人は、1年で達成するプランを選ぶでしょう。


目標を早く達成するには、**目立ちたがり**の方が圧倒的に有利です。目立ちたがりと聞くと「自分が自分が」といった自己中タイプを想像するかもしれませんが、それよりも「自分が出ることで人に喜んでもらいたい」と思っている人が向いています。

逆に、どうしても知名度を上げることができない人もいます。

- **恥ずかしさから目立ちたくない人**
- **いままでの自分を変えられない人**
- **プライドを捨てられない人**

要は、**行動できない人**です。顔出しをしなくてもいくらでも方法はあります。やれない理由を探さず、ぜひ本書をきっかけに一歩を踏み出してみてください。
知名度が上がると、あなたの人生は劇的に変わります。

もしあなたが、それでも行動に移す決断ができないのなら、そっと本を閉じて忘れてください。まだその時期に来ていません。

……まだ読み進めますか？

よかった！　それでは知名度を上げるために、目立ちたい、誰かを喜ばせたい、という気持ちを一緒に育てていきましょう。

実を言うと、僕は**中卒**です。しかも28歳のときは**無職**でした。

しかし「目立つこと」によって人生で得をしてきたし、「目立つこと」で刺激的な毎日を過ごせています。

知名度を上げることは、最高の武器になるのです。

僕は「目立つ」ことに人生をかけてきた

昔から目立つことが本当に大好きで、物心がついたときにはもう「自分がどうしたら目立てるか？」にしか興味がありませんでした。

幼稚園のときはガキ大将として一番目立ち、小学生になってからは頭が良く学年トップの成績で目立っていたのですが、小学5年生のときにターニングポイントが訪れました。

その当時から音楽が大好きで気になる音楽番組は、全て録画してヘビロテしている少年だったのですが、たまたま見ていたMステで「X　JAPAN」のド派手さに衝撃を受けました。

「なんだ、この髪の毛をおっ立てた人たちはぁぁぁぁぁぁ」

田舎育ちのため髪を染めている人もあまり見たことがない僕には「同じ人間なのか？」と思うほどのカルチャーショックでした。

「負けた……」と肩を落としたのをいまでも鮮明に覚えています。

そしてあこがれを抑えきれず、中学に上がる頃には髪を赤く染め、さらにはモヒカンにしてしまったほどです。

地元にはそんな派手な髪の毛をしている人は誰もいませんでしたから、良くも悪くも話題になりました。親は泣いていたし、先生にも怒られました。いま思えば若気の至り以外の何物でもないですが（笑）。

振り返れば、僕が目立つことでわいわいと話題が生まれ、友達が喜んでくれたことが嬉しかったんだと思います。

知名度を上げるには、一定の自己犠牲がともなう。

僕は、よくこう言っていますが、ある意味、「赤毛」も自己犠牲だったのかもしれません（笑）。

ＸＪＡＰＡＮに感化された僕はそのまま、中学を卒業するとヴィジュアル系バンドを結成し、あこがれたＨＩＤＥさんを追いかけて、鞄ひとつで上京。そこからミュージシャンとして、活動を始めました。

いかにしてライバルたちより「目立つか」だけを考えて、楽曲の良さより、見た目やパフォーマンスの方に力を注いでました。

大ブレイクこそ叶わなかったですが、当時その業界では知らない人はいないバンドにまでになりましたし、**見た目が派手だ、**という理由だけで当時海外でマンガやアニメが流行っていた影響でいろいろな国のジャパンエキスポに呼ばれたり、3度のヨーロッパツアーも経験しました。

もう一度言います。

「見た目が派手だから」

という理由でです。

そしてバンドを解散したあと、無職になった僕はこの「目立つこと」に救われることになります。

それが「動画」との出会いでした。

バンド時代、いかに自分たちを目立たせるかだけを考えていた僕は、映像を使って誰かを目立たせる快感にのめり込んでいきます。

知名度を上げることを研究し続けて、いまでは動画マーケティングの世界では日本トップクラスとまで言われるようになりました。

そして、これまで知名度、知名度と言ってきましたが、僕自身『令和の虎』に出演したことでいままで抽象的だった知名度の破壊力を嫌というほど実感することになりました。

知名度がある世界と知名度がない世界、どれくらい違うと思いますか?

月とスッポン、正直180度違います。

・宣伝するにもお金
・広告打つにもお金
・求人するにもお金

知名度がないと何をするにもお金がかかります。

しかし、知名度があると

・「是非御社にお願いしたい」と確度の高い問い合わせが増える
・熱量の高い入社希望者からのエントリーが増える
・街を歩けば声をかけられ、写真を撮ってさらに拡散してもらえる

こんなことが毎日起きます。

いま僕はタイに住んでいて（人と違うことがしたくて）、日本に帰ったときに街を歩いていると「竹内社長ですよね？　握手してください」と声をかけられることも少なくありませんし、仕事の打ち合わせでも、まず「いつも見てます」から始まります。

そうなると初めましての関係ではなく、ちょっとした知り合いの状態からスタートすることができ商談もスムーズに進みます。

打ち合わせも当然盛り上がり、新しい仕事につながったり、新たな顧客やユニークな人を紹介してもらえることで、どんどん交友関係も広がります。

おかげさまで最初は小さなアパートの一室からスタートした僕の会社は、いまでは新宿の一等地の高層階から歌舞伎町を見下ろすまでになりました。

でも、これは何も僕が特別なのではありません。

知名度の法則を理解したからです。

これから、いままで誰も語らなかった法則について話していきます。

本書の内容を行動に移してもらえれば、誰でも知名度を上げられると確信しています！

１年で全てを変える！

僕はよく「**やりたいことは知名度を上げてからやれ**」と言っています。

そのため目標は、**まず１年で１万人のファンを獲得する**ことです。

1年で1万人。この数字を聞いて、難しいなと思ったかもしれませんが、大丈夫です。本書で紹介するのは、いままで250以上のチャンネルをお手伝いする中で見出した「再現性のある法則」です。

ただ、「ちょっと有名になれたらいいな」という軽い気持ちはここで捨ててください。できることから始める「スモールスタート」といった言葉がありますが、知名度に関しては、絶対にスモールスタートはやめてください。

「必ず自分の存在を世の中に知らしめる」という強い気持ちが超・超・超大切なんです。

ドカン！　と派手に打ち上げる。
使えるものは親でも使う。
意識は常にどうしたらもっと目立てるか？
そのことに頭をフル回転。
できることは全てトライしてみる。
そして現状に満足しない。

この1年で全て変える。

知名度を手に入れたら、あなたの見ている世界は全く別物になっています。

知名度が上がったら、自分が本当にしたいことは何か？

この質問を考えながら、本編を読み進めてください。

序章 知名度を上げると人生が変わる

第1部

知名度の上げ方・超基本編

第1章

知名度を上げる法則

第2章　知名度を上げる「自己理解」の法則

第2部

知名度の上げ方・超実践編

第3章

1年で1万人のファンを作るコンセプトの法則

第4章 1年で1万人のファンを作るコンテンツの法則

第5章 1年で1万人のファンを作る動画の法則

カバーデザイン　城匡史
中面デザイン　荒好見＋石澤義裕
ＤＴＰ　石澤義裕
図版　長田周平
編集協力　我妻弘崇

序　章

知名度を上げると人生が変わる

知名度は、最高のソリューションである

いきなりですが、質問です。

ビジネスにおいて、よく論点になるのが差別化です。
では、差別化させるには何が必要だと思いますか？
商品・サービスのクオリティ？
尖ったキャンペーン？

それとも膨大な広告費？

もちろんあったに越したことはないですが、**知名度こそが最強の差別化**だと僕は断言します。

知名度とは簡単に言えば、企業、ブランド、商品、人名などが、広く知られているということ。

どの企業も努力しているので、商品・サービスが悪いなんてことは、いまの時代そうそうないですし、似たような商品が溢れかえっているので差別化をはっきり可視化するのは至難の業です。

だから、知られなければ売れないんです。

もし同じような商品が並んでいたら、もちろん値段で選ぶ人も一定数いますが、**人は自分が知っている方を手に取るんです。有名だからという理由で安心感も一緒に買うんです。**

「知名度がある」と聞くと、おそらく大企業や有名企業、タレントなどごく限られた、全国で知られた存在を想像しますよね。

でも、**もっと狭い範囲の知名度**があるんです。

たとえば、子どもの頃、クラスの人気者って、その学年で知名度があったと思いませんか？　また、あなたが住んでいる街には、そこに暮らしている人だけが知っている有名なお店がありませんか？

全国で見れば、そうした存在は知名度がないと思われてしまいますが、エリアに限って言うと、意外と知名度のある人やモノはたくさんあります。

あなたは、モテていますか？

と、僕はクライアントによく聞きます。モテるというのは、異性に好かれることではなく、黙っていても人や情報が寄ってくるかどうかです。

先のクラスメイトの例で言えば、クラスの人気者の周りにはいつも誰かがいて、楽しそうに話をしています。

おのずと話題は人気者に集まります。逆に言うと話題があるところが人気になっていくんです。地元で人気の飲食店も同じだと思います。さまざまな業種の人が集まり、いろいろな情報が自然と集まります。こうした状況を、僕は「モテている」と呼びます。

限られた範囲でも知名度があればモテることにつながり、人が人を呼び、さらに大きく成長していきます。

ビジネスで言うと、知名度があるところに、人やお金、情報や商品が集まってくるということです。

いいサイクルは、知名度から始まる

よく起業したい若い子に、「何かアドバイスをください」と聞かれますが、僕の答えは「知名度を上げろ！」の一択です。

知名度さえあれば、優秀なスタッフや面白いプロジェクト、投資家も集まってきます。名前や顔が一人歩きしてくれれば、注目が集まり勝手に認知され、モノが売れます。そこでまた話題が生まれ、さらに多くの人たちが集まってくる。

こうなれば、いいサイクルが回り始めます。

ですから、僕はブランディングやマーケティングよりも、まず「個の知名度を上げる」という極めてシンプルなことに向き合って欲しいと常々言っています。結果的に、それが会社のブランディングやマーケティングにつながるからです。

経営に必要なものは、ヒト・モノ・カネ・情報と言われますが、いまや、それらを集めるために知名度が必要な時代になっていると感じています。

顧客が向こうからやって来る 何もしなくてもモノが売れる

知名度が上がると、何が起きるのか？

僕が『令和の虎』に出演したのは、たまたまでした。

元々自分たちが制作に携わっている番組ではあったのですが、当時はまだ、いまほど大きな会社ではなかったので、自分が出演するとは考えていませんでした。

ところが、虎の1人が急遽来られなくなったことがきっかけで、ピンチヒッターで登場するようになり、以後、定期的に出演することに。

出演後の反響に正直驚きました。

自分から何をするわけでもなく、「竹内さんって、ＹｏｕＴｕｂｅを制作しているんですよね？　自分たちもやった方がいいですか」といった相談が届くようになったんです。

前々から相談はいただいていたのですが、その数が激増したんです。

当初は「え〜！」と驚きましたが、**次から次へと相談が続いて、ついに営業をしなくても、自動的にお客さんが増える状態になってしまいました。**

僕らの業界は、コンペや相見積もりに参加して案件を勝ち取るといったことも珍しくないのですが、それらに参加することもなくなりました。

わざわざ受かるかどうか分からない案件を考える時間がもったいないので、遠慮させてもらっています。そうした判断ができるようになったのも、知名度のおかげです。

さらには、社長である僕自身が広告塔になることで、タレントをイメージキャラクターとして起用する必要もなくなります。タレントを起用すると、大きなコストが発生するばかりではなく、そのタレントが万が一、不祥事を起こそうものなら一大事です……。

自分の顔を広告塔にする

自分が広告塔になれば、年間の宣伝広告費を大幅に削ることができ、その分のお金を自社の新規事業など、さらなる成長に使うことができます。

・ジャパネットたかた
・アパホテル
・ソフトバンク
・すしざんまい
・ZOZOTOWN

名だたる企業も社名を聞けば、社長や創業者の顔が浮かんでくるはずです。社長自身が広告塔になることで、大きな成長につながった企業は少なくありません。

また僕たちが提案する知名度を上げるための動画（マーケティング込み）の制作費は、競合他社に比べて3分の2程度です。僕が広告塔になることで他社よりも広告にお金を使わずに済み、その分単価が低く抑えられているからです。

僕らはどうして広告コストをかける必要がないのか？

そう、知名度があるからです。

「動画マーケティングならSuneight」というイメージがあるため、こちらから営業をしなくても相談されるようになりました。「競合との差別化はどこですか？」と打ち合わせで尋ねられることもあると思いますが、僕たちはほぼ聞かれません。

相手がすでに自分たちのことを知ってくれていることで、無駄な説明をする必要がないんです。**知名度があると、「顧客が向こうからやって来る」し、「何もしなくてもモノが売れる状況になる」のです。**

社員も制作に集中することができて、より面白い企画を生み出してくれています。

いまの時代、知名度は誰でも上げられる

知名度の効果は、あなたもすでに実感している

「○○県に初めてスターバックスがオープンしました」といったニュースを見たことがあると思います。

目を疑うほどの行列ができ、「朝5時から並んでいます」という人もいるほどです。

初めてオープンするのに、どうしてお祭り騒ぎになるのか。それは「**あの**スターバック

スが私たちの町にやってきたから」です。

「**あの**」という言葉が重要なんです。

「あの」
「人気の」
「話題の」

といった言葉にみんな反応するんです。僕たちがお手伝いしている武田塾さんでは、タレントのあのちゃんを起用して、「**あの**武田塾」と打ち出しているくらいです(笑)。

みんなが持っているモノが、自分も欲しくなるときありますよね?

知名度があると、まさにその状況を作り出せます。

知名度があるからこそ、行ったことがないのに行ってみようという気にさせる。知られているものに、人は殺到するんです。

これってすごいことだと思いませんか？

よく考えると、初めてそのエリアに出店するのに、**知名度があれば宣伝広告費をかけることなく、勝手に人が集まってくれる**んですよ？

普通はこうはいきません。

人を集める、モノを認知してもらうためにはコストがかかります。たとえば、テレビCM、ほかにも新聞広告、看板、チラシ……。しかも、1回では覚えてもらえないので、継続的に広告を出す必要があります。

では、知名度を上げるためには、ランニングコストがかかるものなのでしょうか？

答えはＮＯです。

ＴｉｋＴｏｋによって大きく知名度を向上させた会社に、「大京警備保障」という警備会社があります。

この会社は**大きな予算を使わずに、アイデアだけで知名度を上げることに成功したんです。**

TikTok・大京警備保障／ Daikyo Security（@dkykeibi_tokyo）
https://www.tiktok.com/@dkykeibi_tokyo

現在TikTokのフォロワーはなんと300万人に上ります。

すごくないですか？　300万人です。

「つらい」「大変そう」と思われがちな警備会社にもかかわらず、採用に困らないほど支持を集めているそうです。


なぜ彼らは、ここまでの人気を獲得できたのか？


大京警備保障は、TikTokで流行っているダンスを、社長含め役員がぎこちなく踊るといった動画をあげることで、人気が爆発しました。

若者に流行っていることをおじさんがやる——そのギャップが話題を呼び、あっという間に人気者になりました。


また、和気あいあいとした姿も共感を呼び、若い世代から採用に関する問い合わせも急増したそうです。

大京警備保障の櫻井大輔代表取締役社長は、「**求める人（＝採用したい層）が集まる場所**

に顔を出すのは、基本中の基本」だと自著『なぜ、人と仕事に困っているのにSNSを始めないんですか？』の中で語っています。

大京警備保障は、「おじさん×ダンス」というアイデアで話題を作りました。これは予算がなくてもアイデアがあれば、知名度を上げられる良い事例だと思います。

社長もフリーランスも学生も、SNSで目立て

会社のトップこそ、知名度を上げろ！

知名度は、社長にも個人事業主にも学生さんにも、めちゃくちゃ有効です。

社長は、読んで字の通り「会社」の「長」です。会社の顔であり、社員を引っ張らなければいけない存在です。

僕も起業するまでいろいろありましたが、社長には起業するにいたった背景や動機、情

熱が必ずあるはずです。つまり、**社長にはストーリーがあるんです。**後継者として社長になった人であっても、その地位に上りつめるまでのドラマがないわけがありません。

個人事業主の方も、なぜフリーランスとしてその仕事を選んだのか、きっとあなたにしか分からないこだわりや、あなたにしかできないことがあるからだと思います。

こんな魅力的な素材を持っているのに、伝えないなんてあまりにももったいない。

ちなみに、みなさんは同じスペックのAとBの商品があるなら、どういう基準で選んでいますか？

見たことも聞いたこともない商品を買いますか？

知っているブランドを買うことが多いのではないでしょうか。

繰り返しになりますが、いまの世の中は、モノがあふれすぎていて、良いものを作れば必ずしも売れる時代ではなくなりました。

むしろ、性能や味が他社に劣っていたとしても、世の中で目立っているモノやエッジがあるモノの方が売れてしまうことだってあります。

僕はよく、

いまの時代、差別化は知名度しかない

と断言しています。差別化できるストーリーを発信できるのは、本人しかいません。社長や個人事業主の方が、知名度を上げない理由がどこにありますか？

ものすごく面白いバックグラウンドがあるにもかかわらず、何も発信しなければまさに宝の持ち腐れ。ほかの誰とも似ていない自分だけの体験を、自ら表現することで説得力が生まれます。

実は、こうした背景から感じられる「好き」や「やりたいこと」がファン化につながります。

しかも、そうした表現はいまやスマホひとつで作れる動画と、ものすごく相性がいい。誰でも動画を撮って発信できる時代なんですから、アクションした方が絶対にいいに決

まっています。

また学生さんから新卒採用の場面でよく「いま、私たち就活生が、やっておいた方がいいことは何でしょうか？」と尋ねられます。

「SNSです」。何度もそう即答してきました。

想像してほしいのですが、たとえばあなたが会社の人事や広報担当だった場合、誰を採用したいですか？

①東京大学を卒業した人
②京都大学を卒業した人
③インスタグラムでフォロワー200万人いる人

東大や京大を卒業した人は、同じ年にそれぞれ3000人ほどいます。しかし、フォロワー200万人の人はそうそういません。

少なくても200万人から知られているという知名度は、飛びぬけた個性になります。
もちろん、優秀かどうかの話をしているわけではありません。

僕は、**これからの時代、フォロワー数は、大人の成績表とも言える指標になると思っています。**

偏差値より、フォロワー何人の方が分かりやすいと思いませんか？

「学生時代、力を入れたことは？」と聞いたところで、その話が本当かウソか分からないし、もしかしたら、テンプレートのような回答が返ってくるかもしれません。
ですが、フォロワーが多い人に、「どういう努力をしたんですか？」と聞けば、その結果を出すために試行錯誤してきたプロセスがリアルな言葉で返ってきます。
僕なら、その話を深掘りして、自社の成長の推進力として巻き込みたいなと思います。

人生は行動力です。
行動した分だけ、可能性も広がります。

動けないのなら、「なぜ自分が動けないか」を自問してみてください。僕は何百社も見てきましたが、邪魔しているのは、実は**プライドや見栄**だけなんです。

その見栄やプライドが、自分がこれから手に入れたいものと比べて、本当に必要なものかどうか。

考えなくても、答えは出ていますよね？

人の心を動かすコンテンツを作ればいい

人気が人気を呼ぶループに入れ

では、知名度を上げるためにはどうすればいいか？

ユーザーの視点から、考えてみましょう。

たとえば、あなたがＹｏｕＴｕｂｅで「東京　穴場　グルメ」と検索するとします。すると、たくさんの動画がヒットします。膨大な数の該当動画があるため、その中から何を見ていいか迷ってしまうはず。

そうしたとき、どんな動画をクリックしますか?

おそらくほとんどの人が「再生回数の多い」動画を選びます。そうすると再生数の多い動画はさらに再生数が伸びます。

さらに「東京のグルメを紹介する動画なら○○だよね」というイメージをユーザーが持ってくれれば、ユーザーはそのチャンネルを見続けてくれます。誰かに紹介するときも、「○○は東京の穴場グルメにも詳しいからおすすめだよ」という具合に、どんどん外へと広がっていきます。

ある一定の再生回数を重ねると、その再生回数自体が差別化につながり、さらに多くの人に知ってもらえるようになるのです。

ただ元々は、数あるコンテンツの中で「その動画が見られた＝ユーザーの心をつかんだ」ということを忘れてはいけません。

いまはユーザーの方が企業よりも商品や業界に詳しくなり、流行を生み出す時代です。

であれば、ユーザーがどう楽しめるかを柔軟に考えた方がいいですよね。

人を喜ばせるために、自分はなにができるのか?

これがビジネスの本質です。自分よがり(独りよがり)だけは絶対に避けなくてはいけません。

この考え方は、知名度を上げる場合でも同じです。

人が喜んでくれるコンテンツを作ればいいのです。

格好をつけてブランディングするより、泥臭くてもいいから、どうしたら人が喜んでくれるのか、楽しんでもらえるかを考えた方がいまの時代はいいです。

人の心が動くのは、「共感」「あこがれ」「問題解決」の3つしかありません。

僕が動画を企画するときは、「どうやったらクライアントの魅力を引き出しながら、この3つの要素を入れてユーザーに刺さるコンテンツを作れるか」を常に考えています。

これは、動画だけでなく全てのSNS、もっと言えば全てのビジネスに共通する法則だと思います。**人の心を動かす=共感されるコンテンツから、知名度は上がっていくのです。**

相手のニーズから『令和の虎』は生まれた

『令和の虎』はどのように生まれたのか？

実は登録者数１１０万人の『令和の虎ＣＨＡＮＮＥＬ』も多くのユーザーにどうやったら喜んでもらえるかを考えた結果、生まれたコンテンツです。

かつて、日本テレビで放送されていた『¥マネーの虎』という番組をご存じの方も多いと思います。

YouTube・令和の虎CHANNEL
https://www.youtube.com/channel/UCTyKZzmKi95wxmCg9rU-j6Q

同番組は、起業を目指す志願者のプレゼンテーションを聞いた上で、投資家である審査員（虎）たちが出資の可否を決定するという番組でした。『令和の虎CHANNEL』は、『¥マネーの虎』をオマージュする形で同じフォーマットで配信し、僕自身、虎（社長）の1人としてたびたび出演しています。

そもそも『令和の虎』は、当初から『¥マネーの虎』のリバイバル番組を作ろうと意図して制作したわけではありませんでした。

MONOLITH Japan（モノリスジャパン）の岩井良明社長から、「企業と大学生をつなぐマッチングサービスを作りたい。そのためにYouTubeを活用して学生さんを集めたい」と相談をいただいたことがきっかけでした。

意識が高くて「ビジネススキルに興味のある」優秀な学生を集めるためにどうすればいいか？

そこで『¥マネーの虎』に出演していた岩井社長のバックグラウンドをいかして、起業をテーマにコンテンツを作ることになり、共演していた南原竜樹社長や当時の志願者たちと対談をするといった企画を発信していました。

ところが、ユーザーの大半が『¥マネーの虎』をリアルタイムで見ていたであろう40～50代ばかりになってしまいました。

これでは、大学生や20代が見るコンテンツになっていない……。

どうするか悩みましたが、よく考えてみれば40～50代のユーザーもテレビで見ていたときは、20代が多かったはず。

『¥マネーの虎』の現代版を作れば、元々のファンも、いまの若い人も見てくれるのではないかと岩井社長から話があり、あらためて『令和の虎』という番組を作ることになりました。

その結果、多くのユーザーに見てもらえて、さまざまなコラボや施策により人気チャンネルになっていきました。現在では、チャンネル登録者数110万人、総再生回数7億2千万回（2024年1月現在）、10を超える派生版チャンネルが生まれるなど、一大ムーブメントになっています。

『令和の虎』も「ユーザーが見たいものは何か？」を考えたから誕生したのです。

知名度を上げたいなら、動画しかない！

人が、必ず行動する前にしていること

最近、1日スマホを使わなかったことってありますか？ないですよね。とくに何か行動するとき、必ずスマホで情報を集めると思います。

たとえば、あなたが肩こりに悩まされているとします。

昔は、CMや広告で見かけたクリニックか近所のところに行くことが一般的でした。

いまはグーグルやＹｏｕＴｕｂｅで検索をかけたり、Ｘ（元ツイッター）やインスタグラムで情報収集をします。

いま、知名度を上げるためには、ＷＥＢ上、とくにＳＮＳでどのように目立つかが重要だと思います。

「だったら、別にグーグルに上位検索されるホームページや記事でもいいんじゃないのか？」

そう思われる方もいるかもしれません。

しかし、グーグル副社長兼ＹｏｕＴｕｂｅグローバルヘッド（当時）であるロバート・キンコー氏は、２０１４年に

「ネット上のトラフィックの90％が動画からになるだろう」

という衝撃的な発言をしています。

その予言は現実になりつつあります。

ここ数年、検索結果の上位に動画が表示されているのを見たことありませんか？

これからは検索も動画が上位に表示される時代に突入します。

つまり、何かを調べる際に入り口になるのは、「動画」になるということです。

また動画は、1本制作すれば、自社ホームページ、YouTube、SNSなど複次使用もでき、WEB上に資産（アーカイブ）として残り、半永久的に24時間365日休むことなく稼働してくれます。

言わば、動画は眠ることのない営業パーソンであり、デジタル名刺でもあるというわけです。

この動画の勢いは、各SNSの月間利用者数を見ても明らかです（Suneight調べ）。

・フェイスブック　（利用人数：2600万）
・インスタグラム　（利用人数：3300万）
・X　（利用人数：4500万）
・YouTube　（利用人数：7000万）

・ＴｉｋＴｏｋ　（利用人数：１７００万）

誰もがスマホを持つ時代になりました。また高性能な動画編集アプリも次々と登場して、動画制作のハードルも年々下がっています。

いつでもどこでも動画を見る、誰でも動画を制作できる時代だからこそ、**近い将来、ホームページの代わりに各個人・各企業が必ずＹｏｕＴｕｂｅチャンネルをひとつは持つ未来が来ると、僕は思っています。**

動画の世界と聞くと、自分には関係のない世界のように感じますが、もうそうではないんです。

これから**知名度を上げるためには、動画を理解することが絶対に欠かせません。**

ファンが雪だるま式に増えていく仕組み

誰かのファンになる流れは、動画もリアルも同じ

動画を作ると言うと「多くの人に見てもらうのは難しい」と考える人は少なくないはず。
では、動画を見ている人は、どのようにしてファンになるのでしょうか。

僕は、
「この人の動画には**感情移入してしまう**」

「この暮らし方、**かっこいいなあ**」

「面白いから、すきま時間を埋めるのに**最適**」

など、**ユーザーの「共感」「あこがれ」「問題解決」ができているから、ファンになるのだと考えています。**ユーザーのニーズに応えていると、そのある一定の層から「信頼」されるようになります。つまり、チャンネル登録して継続的に視聴してくれるファンになるのです。

僕は、このステージを、「**準知人化**《じゅんちじんか》」と説明しています。

準知人とは、他人以上、知り合い未満、友達ではないけど知り合いでもない関係のことを指します。

動画を見て信頼される流れは、実は現実の人間関係と同じなんです。

誰かと仲良くなるとき、段階を踏んで仲良くなりますよね。たとえば、よく行く飲食店で誰かと知り合った場合で考えてみましょう。

①初めましての関係
②名前は知らないけど、よく見かける程度の関係
③名前を覚えて、少し会話をする関係
④その人がどんな仕事で、どんなことが好きかを知っている関係
⑤知人と呼べる関係
⑥飲み仲間、友人と呼べる関係

このようなステップがあると思います。準知人化とは、ここで言う③と④のステージです。自分が発信する動画も、まずは視聴者と③と④の関係になれるようなコンテンツを目指してください。

想像してほしいのですが、①や②のようなまだまだ関係性が薄い人から、「あそこのお店が美味しいです」とか「この動画が面白いから見てみて」と言われても、見る気にはならないですよね。でも、何度か顔を合わせるようになり、「なんとなくこの人とは合いそうだな」と感じると、その人からおすすめされた情報を試してみようと思うはず。

まさに動画でも同じような現象が起きるのです。

ですから、**「なんとなくこの人とは合いそうだな」と思ってもらえるまで自分の軸をブラさずに発信し続けてください。** ユーザーにファンになってもらうには、先ほどの「**あの〇〇**」を作らなければいけないんです。

居酒屋でも、毎回言うことが違う人がいたら「信用できない人」で終わってしまいます。動画の世界には「**5度見の法則**」といわれるルールがありますが、5回見てもらえたらもうあなたのファンになっています。だから、しつこく自分のコンテンツを出し続けて、一定のファンをまず作りましょう。

ファンが雪だるま式に増えていく仕組みとは？

動画の運用において、「一定のファンから支持されること」は非常に重要になります。その一定のファンから、ユーザー層が拡大するからです。

あなたがゴルフの動画をよく見ているのなら、やたらとゴルフ関連の動画が表示されていませんか？

また、ピンポイントで動画を検索し、その動画を視聴したあと、何気なく見ている動画は、意図していない動画だったりしませんか？

視聴者が見ている動画の8割は、関連動画やおすすめ動画からの流入と言われています。

この「**おすすめ機能**」こそ、雪だるま式にファンを増やす仕組みなのです。

実は、何がおすすめされるのかは、AIがビッグデータから導き出しています。

この辺りは、後ほど詳しく説明しますが、ここで重要になってくるのが**エンゲージメント**という指標。

エンゲージメントとは、分かりやすく言えば、あなたの投稿に対してどれくらいの反応（いいね・コメント・シェアなど）があったかが分かる指標です。

エンゲージメントが高い動画は、AIが人気だと判断して、現在の視聴者と似た属性の人たちに「あなたも興味があるんじゃないですか？」とおすすめしてくれます。

動画SNSが広まっていく仕組み

動画SNSはよく波紋状にユーザー層が拡大していくと言われます。
中心の登録者や普段見られている層に届き、
反応がいいとそこから外の層に広がります。

そのためにも、ある一定のファン層の準知人になることを目指してください。

そこから、動画のＡＩがあなたのコンテンツを波紋状に広めてくれるのです。

序章では、知名度を上げるメリットを中心に話してきました。

では、具体的にどうすればいいのか？をこれからお伝えしていきます。

まず、第1部では、コンテンツを作る前に知っておきたい原則やマインドについてです。第1章では、知名度を上げる基本法則、第2章では、コンテンツを作る上で欠かせない「自己理解」の法則について話していきます。

第1部

知名度の上げ方・超基本編

第1章

知名度を上げる法則

知名度の法則1

「強み×キャラ×超ニッチ」で勝つ

特定のエリアで話題を作れ

バンドが解散したとき、僕は28歳。
中学を卒業してから、バンドしかやっていない。
働いたことがあるのは、アルバイトだけ。
東京に残って、やりたいこともない。

そこで僕は、地元に帰ることを決意します。そのときは、たしかに苦境でしたが、新しい生活を楽しみにしていた部分もありました。

しかし、そのことを父親に報告すると、

「28歳で社会人経験のないお前にできる仕事はないから帰ってくるな」

と、まさかの宣告。マジで途方に暮れました。

そこでまず初心にかえり、自問自答を繰り返します。


いま、自分にできることは何か？

いま、自分がしたいことは何か？

どうしたら目立てるか？

そして、どうしたらモテるのか？

社長ってモテそうだな。

よし、社長になろう！

いま、できることは動画‼

やりたいことも動画‼

よし、動画制作会社の社長になろう‼‼


もちろん、勝算があったわけではありません。

目立つために「決意した」だけです（笑）。

早速、僕はその計画を実行することにしました。


まずは、映像制作会社で働いてノウハウを盗みにいこう。

そこで目に止まったのが、六本木のパーティー会場の動画制作の仕事でした。

六本木にはいっぱい社長がいるはず。社長が集まる場所に行けば、何か生まれるかもしれない。

まさに、マーケティングの原点です。


結論から言えば、六本木を選んだことは大正解でした。

読み通り、多種多様な社長と知り会うことができ、副業で「映像を作ってくれないか？」と結婚式や入社式の映像をオファーされるようになったのです。

この頃は、

どの分野だったら、自分がもっとも目立てるのか？

どうやったら自分を覚えてもらえるのか？

を常に意識していました。**そこで僕が取った戦略が、とにかく「笑える動画を作りまくる」というもの。**

たとえば、ある会社の山本さんから「社長の誕生日を盛り上げるためのサプライズ映像を制作したい」と相談されたときのことです。

普通に、みんなで「おめでとうございます！」とお祝い映像を作ったところで、来場者の印象には残りません。

そのころの僕には、いくつかの鉄板のネタがあったんです。恥ずかしいですが、少しだけ紹介します。

○オープニング
僕「山本さん、社長のこと本当に好きなんですか？　社長に一生ついていくんですか？」
山本さん「当たり前じゃないですか⁉　どんなことでもやりますよ！」
僕「社長を守れるんですか？」
山本さん「もちろんです！」

となったところで、バッティングセンターに移動します（既にロケ許諾済み）。

（打席ではなく、〝ホームベース〟に立つ山本さん）
僕「じゃあ、ボールを避けないでくださいね。じゃあ行きますよ、ポチッ」
山本さん「え……。なんの関係があるんですか？　うわ！　危ね！」
（ボールを避ける山本さん）

僕「全然社長のために体張らないじゃないですか！　じゃあ、しょうがないですね」

（特大プリントした社長の顔写真をホームベースの後ろの金網に貼る――）
僕「これで逃げられませんよ」
山本さん「……」
（向かってくるボール。バシ！）
山本さん「痛ーーーーーーッ!! 社長、俺守りましたよ!!」
（倒れる山本。続く2球目、3球目と、ボールが社長の顔写真に当たり続ける）
僕「あ～。山本さん、全然守れてないですよ（笑）」

○エンディング
企画　山本
主演　山本
演出　山本
支払い　山本

といった映像です（僕が、ボールに当たるパターンもありました）。

いま振り返ると、バカだなーと思いますが（笑）、めちゃくちゃウケました。山本さんやほかの出演者もノリノリで楽しんでくれました。

よくある「お祝いコメントを集めたサプライズ動画」とは真逆の「痛がる」という演出。そして、エンドロールに依頼してくれた方々の名前を添えて、最後は盛大に「社長、おめでとうございます！」というエンディングにすれば、圧倒的に印象に残ります。自分で言うのもあれですが、笑える動画を作るのは得意だったんです。

「あの動画を作っているのは、誰？」と六本木界隈の人たちの間で話題になり、次から次へと動画の依頼が舞い込むようになりました。そこから「面白い動画を撮るなら、竹内に頼もう」というイメージが定着し始めます。

当時僕は、あえて「面白い映像を作ります」ということだけに絞って活動を続けていました。

「なんでも作ります」と言ってしまうと、ただの動画制作者になってしまい、目立たず埋もれてしまいます。

面白動画が**ニッチな領域**だったとしても、そこで**ナンバーワン**を目指したのです。

なにより、僕がそうした動画を作ることが楽しかったからです。

その結果、個人的にオファーをいただく副業の方が、本業の収入を上回ったため、2年半で独立。ついに社長になりました。

「六本木に竹内という面白い動画を作るやつがいる」という噂で口コミは勝手に広がり「普通の動画を作りたくないんだけど、誰か知らない？」とAさんとBさんが話していたとき、「だったらあの人がいいかも」と思い浮かべてくれるようになるんです。

冒頭で、狭いジャンルでトップになれば、知名度はそこから雪だるま式に増えていくと話しましたが、これは僕の実体験です。

自分は、どのジャンルだったら、トップになれるのか？

一度、しっかりと時間を取って考えてみてください。

知名度の法則２

踊るなら、人混みで踊れ

人が集まるところで、思いっきり目立て

先ほどニッチなジャンルで勝つことについて話しましたが、みなさん「ニッチだったら結局、知名度は上がらないんじゃないか」と思いませんでしたか？

大丈夫です。ニッチなジャンルで、話題に乗っかればいいんです。

序章で、「大京警備保障」の事例を紹介しました。「大京警備保障」の動画コンセプトは、

元々「おじさん×ダンス」という超ニッチジャンルだったと思います。

このニッチなジャンルで、話題の曲を踊ったり、トレンドのダンスを真似するから見てもらえるんです。その様子が「可愛い！」と評判を呼び、拡散されました。

これが、もし誰も知らない曲で踊っていたら、ここまで知名度は上がらなかったのではないかと思います。

話題になっている曲などのコンテンツは、そのコンテンツ自体に知名度があります。その知名度に乗っかるのです。

知名度の勝ち筋は、「コンセプトは超ニッチに、コンテンツはトレンドに乗っかる」です。

逆張りという言葉もありますが、「あえて、人のいないところでやってみる」は100％悪手です。自分のオリジナルのダンスを誰もいない山岳地帯で、目立とうと踊っているようなもの。

踊るなら、やっぱり人混みで踊らないと目立ちません。

人がたくさんいる渋谷のスクランブル交差点で、手を振るからこそ目立つんです。

話題を作るなら、人が集まるところで仕掛けるのは鉄則です！

新規オープンするフルーツ大福が、初日から大人気だった理由

この「ニッチなジャンルでトレンドに乗る」ことに関しては「金沢フルーツ大福　凛々堂」が素晴らしかったので紹介します。

「金沢フルーツ大福　凛々堂」は、オープンの2カ月前から連日ＴｉｋＴｏｋに動画を投稿していたのですが、その動画というのが当時ＴｉｋＴｏｋで流行っていた「これなに動画」でした。

「これなに動画」とは、「これなに♪」と歌いながら被写体を映すだけのシンプルな動画です。

「金沢フルーツ大福　凛々堂」は歌いながらタコ糸でゆっくり大福をカットしていき、中

のフルーツの断面を見せるという動画をアップし続けていました。

ぱかっと割れると、中がキウイだったり、オレンジだったりするわけですが、中に何が入っているのか分からないため、その間、ユーザーは見続けてしまうんです。

少したとえが古いかもしれませんが、かつて『クイズ世界はSHOW by ショーバイ!!』というクイズ番組の中で、「何を作っているのでしょうか?」という人気コーナーがありましたが、それをTikTokで再現したとも言えます。

これだけでも優れた戦略だなと思いますが、仕掛け人である鈴木智哉氏はその先を見ていました。

鈴木さんはもともと「令和ホルモン」という焼き肉店を展開されていた方です。新しい業態の飲食店を模索する中で、検証としてさまざまな食べ物の動画をインスタグラムに投稿したところ、フルーツ大福の画像が高い画像保存率（エンゲージメント）を記録し、「フルーツ大福に商機がある」と判断したそうです。

なんとSNSの反応で人が集まるかどうかを確かめてから、事業を始めたのです。

「令和ホルモン」の経験から、ＴｉｋＴｏｋでバズるものはインスタグラムでもバズり、インスタグラムでバズったものはＹｏｕＴｕｂｅでもバズることが分かっていた鈴木さんは、**オープンの2カ月前からＴｉｋＴｏｋで先の動画を投稿したと言います。**

「金沢フルーツ大福　凜々堂」は、オープン初日に約30人の行列ができてしまう盛況ぶりでした。開店前でも、人気や知名度を上げることができるのです。

ＳＮＳで話題を見極め、見事に目立つことに成功しました。

これだけではありません。

オープン後は、スタッフが営業時間中にＴｉｋＴｏｋでライブ配信を行うことで、お店のファンだけでなく、スタッフのファンを増やし、さらに知名度を向上させていきました。その結果、ライブ配信をしていたスタッフが店舗を辞める際は、ファンが40人ほど詰めかけ、４坪の店内がプレゼントであふれかえったと言います。

話題が話題を呼ぶ戦略をいくつも用意したことで、「金沢フルーツ大福　凜々堂」は人気店へと駆け上がったのです。

働いているスタッフもモチベーションが上がるし、新しく働きたいという子も増えるでしょう。

「金沢フルーツ大福　凛々堂」は、「フルーツ大福」というニッチなジャンルで、流行りのコンテンツに乗っかって知名度を獲得した好例だと思います。

知名度の法則3

上ではなく、中心を目指す

話題がある場所に行けば、何かが起きる

勘違いしないでほしいのが、知名度があったとしても別に偉くなるわけでもないし、いわゆる上流階級になるわけではないということです。

「人気者になる＝上にあがる」と考える方も多いかもしれませんが、**知名度とは上や下といった縦の話ではなく、中心に近づくというイメージです。**

先ほど、トレンドに乗っかる重要性を話しましたが、知名度を上げるには、人が集まっている**センターに近づいていく**感覚が大切です。

学生時代を思い出してほしいんですけど、クラスには必ずイケてる集団がいましたよね？

その人たちと友達になるだけで、なんとなくイケてる感じになる。

面白い軍団の中にいるだけで、楽しい人というポジションを手に入れられるし、女子ならかわいい女の子の近くにいるだけで、モテ軍団の1人になる。

みなさんも似たような経験があるはずです。

これがまさにセンターに近づく感覚です！

流行っているファッションを真似するだけで、何だか自分もイケてる感じになれませんでしたか？

ドラマに登場するイケメン俳優のファッションを真似することで、イケてるイメージを演出する。話題の輪に入る、近づくだけでイケてる感って演出できるんです。
コンテンツの世界も、同じです。

流行っているコンテンツに乗っかる。
話題の人とコラボしてみる。
話題の場所に行ってみる。

トレンドに近づくことで、自分の注目度が上がります。

人を巻き込んで、話題を作れ

僕は、市場は自分で作れると思っています。
まったくゼロからの状況でも、人を巻き込むことで、「それって流行っているの?」と徐々にその周囲の人たちが同じことを始めるようになります。

たった1人だけで空を見上げていても誰も見向きもしませんが、10人が空を見上げていたら、「なんだろう？」と上を向いてしまうかもしれません。

100人が空を見上げていたら、ほとんどの人が釣られて空を見てしまうはずです。

一緒に何かをする人を集める「巻き込み力」は、知名度を上げるために大切なことです。

『令和の虎』も1人ではなく、たくさんの虎（社長）が登場するから、足し算ではなく掛け算になります。

初期のYouTuberは、ヒカキンさんやはじめしゃちょーさんなど1人で発信する人が多かったですが、途中から東海オンエアさんやコムドットさんといったグループ系のYouTuberが台頭してきました。誰かと一緒に何かをするというのは、イケてる感を演出しやすく、人を巻き込みやすくなります。

「あいつらがやっていることって楽しそうだよね」と思われるようになれば、勝ちパターンです。

僕は人間関係も同じだと思っています。

居場所がないと悩んでいる人は、自分が感じる「**なんだか楽しそう**」というところに近づいてみてください。

お酒を飲むのが好きなら、まずは身近なところで人が集まってお酒を飲んでいるところに足を運ぶ。そこでできた仲間たちと飲み会を開催してみる。手ごたえがあったなら、もう少し範囲を広げてみる。

その繰り返しによって、交友関係は広がっていきます。

話題の真ん中に近づくだけで、簡単にイケてる感は演出できるんです。

知名度の法則4

思考するミーハーになる

ただ「流行ってるよね」で終わらせない

弊社では、流行っているものは極力体験すると決めています。

「流行りのスポットにならら結構行っている」という人は多いでしょう。

僕は、**流行っているコンテンツに触れたら、なぜ話題になっているかを考えよう**、といつも社内で言っています。

話題の飲食店や映画、流行りのスポットに足を運び、実際に行列に並びます。そして、並んでいる人がどういう会話をしていて、スマホで何を見ているかをずっと観察します。

ちょっと不気味ですかね……。でも、このリアルな情報が重要なんです。

そして、数あるお店の中で、ここがなぜ流行っているか仮説を立てます。

宣伝広告費にお金をかけているのか、有名なタレントがおすすめしたのか、SNSを効果的に運用しているのか、立地に恵まれているのか、リサーチし続けるんです。

2、3カ所見ただけでは、分からないと思いますが、それを習慣にしていると、時代の空気感のようなものがつかめてきます。

一にも二にも好奇心が大切です。

情報を発信するなら、時間かお金をかけないと得られないものがあります。お金がないとしたら、その分時間をかける必要があります。

実際に何度も何度もトレンドを体験することで、人から好かれるコンテンツを作るために、何が必要なのかが分かってきます。

何が流行ったかを知ることは、何が廃れたのかを知ることにもつながります。動画の世界でも過去のコンテンツを見ると、突然、再生数が落ち込んでいる動画があるなど、低迷する瞬間があります。

トレンドが激しく変わり、生き残るのが厳しい動画の世界。でも、過去の事例がたくさんアーカイブとして残っているので、**カンニングができる**ということも大きなメリットだと思います。

過去に、廃れていった動画や人物をリサーチすることも、自分のコンテンツで話題を作るための反面教師になります。

ただ情報収集も義務になってしまうと、つらいですよね？

だから、ミーハーのように楽しんで、トレンドを分析するのが一番いいかなと思います。

知名度の法則5

バズる＝強み×キャラ×トレンド

キャラは面白いけど、伸び悩んでいるチャンネル

知名度を上げるためには、自分のスキルを相手のニーズに合わせて出すことが重要です。

僕たちが手掛ける、知名度を向上させた動画のひとつが、兼子ただしさんのＹｏｕＴｕｂｅチャンネル「ストレッチトレーナー／理学療法士 兼子ただしｃｈ」です。

厳密に言えば、僕たちがテコ入れをしたことで、兼子さんのチャンネルを大きく伸ばす

YouTube・ストレッチトレーナー／理学療法士 兼子ただしch
https://www.youtube.com/@ssskaneko

ことができました。

兼子ただしさんは、スポーツストレッチングトレーナーであり理学療法士をされている方です。現在、兼子さんの「ストレッチトレーナー／理学療法士 兼子ただしｃｈ」のチャンネル登録者数は約21・６万人（２０２４年1月時点）。

これまで１００万再生超えの動画を多数記録しており、スポーツストレッチ系の動画の中でも、屈指の知名度を誇る存在です。

兼子さんは、独自の〝神経系ストレッチ〟と呼ばれるストレッチを施すことで、**それまで何十年も肩こりや腰痛に悩んでいた人たちを、たった数分で劇的に改善させてしまいます。**

それこそ、お医者さんにすら見放された方が相談者としてたくさん登場するのですが、

（施術開始）

兼子さん「ココかな〜〜〜〜〜」

相談者「痛い痛い痛い‼」

（数分後）
兼子さん「どうですか？」
相談者「あ、痛くないです……。え？　すごいです〜〜〜!!」

という嘘のような奇跡のやりとりが毎回行われています。

動画では、「人生が変わった」と泣き出す人が続出するほどです。実際僕も近くで見ていて、その鮮やかな施術に感動します。これは間違いなく、兼子さんの**強み**です。

兼子さんの**ユニークなドSキャラ**もあって、一度見るとついついそのほかの動画も見てしまうくらい面白いんです。


しかし、僕たちが企画にかかわる前までの「ストレッチトレーナー／理学療法士　兼子ただしｃｈ」のチャンネル登録者数は２７７４人でした（２０２０年1月15日時点）。

再生数も平均１０００〜２０００回というように、正直低迷していました。

もともと兼子さんは、〝神経系ストレッチ〟について座学で説明する動画をあげていました。その頃から、キャラは完璧で話も面白かったのですが、再生数は思うように伸びませんでした。

せっかく、強みやキャラがあったとしても、ボタンを掛け違えてしまうことで、その良さがいかされていないケースはとても多いんです。

ユーザーが求めているものは何か？

兼子さんにまだ知名度がない頃、おそらく兼子さんの動画にたどり着く人は、ＹｏｕＴｕｂｅの検索に「肩こり　ストレッチ」、「腰痛　ひどい」などのフレーズで検索し、たまたま兼子さんの動画を見つけたという人が、ほとんどだと思います。

「肩こり　ストレッチ」、「腰痛　ひどい」といった言葉を打ち込んでいるということは、検索している人はそうした症状に悩まされていると想像できます。

もしかしたら、わらにもすがる思いかもしれない。

でも、座学では症状に悩んでいる人の問題解決にはいたりません。
数分見て、ほかの動画をあらためて探すのは想像に難くないでしょう。

そこで僕たちは、兼子さんが元来持っている強み・キャラをいかしながら、トレンドに合わせた「ユーザー参加型の企画」を提案しました。

これまでユーザー参加型のストレッチ動画は、何度も話題を集めており、ニーズがあることも分かっていましたので、これはバズるのではないかと考えたのです。

その企画が、実際に悩んでいる方と対峙し、兼子さんが「神経系ストレッチ」を実践するというものです。

つまり、**「強み×キャラ」**に**「トレンド要素」**を加えて、痛みに悩んでいる人の「共感」「あこがれ」「問題解決」を生み出したのです。

実際その後、兼子さんのチャンネルは大きく伸びることになります。

知名度の法則6

「喜怒哀楽」でエンタメを作る

相手の感情を揺さぶれ

「痛い！痛い！痛い！痛い！痛い！痛い！」

「ギャーーーーーーーーーーーーーーー！」

兼子さんの動画を見ていただくと、悩んでいる相談者の方々は、兼子さんのストレッチを受けるとユーザーが笑ってしまうくらい悶絶します。

しかし、数分後には劇的に改善してとても喜んでいる。感激のあまり泣き出す人もいる。前項で「強み×キャラクター」と「トレンド」がバズるポイントだと話しましたが、もうひとつ兼子さんの動画には重要な要素があります。何か分かりますか？

正解は**「喜怒哀楽」**です！

僕は、長年動画制作に関わってきて、**「喜怒哀楽」が伝わる動画は見られやすい傾向にあると痛感しています。**兼子さんの施術動画には、問題解決に加えて「喜怒哀楽」がものすごく詰まっています。

相談者の悩みに対して、兼子さんがドSとも言えるストレッチを施し、肉体を改善していく。その様子は、バラエティー番組のような面白さがあるだけでなく、悩まされている人を勇気づける説得力があります。

こうした動画を作ることで、症状に悩まされている人は引き込まれるように見てしまいますし、さほど深刻な症状ではない人も、興味半分で動画を見てくれるようになります。

そこに兼子さんの抜群のキャラもあって、多くの人に見てもらえるコンテンツになりました。

動画にアクセスする人は、専門的な知識など知りません。症状の原因や身体のメカニズムを学びにきたのではなく、自分の症状が「治る」か「治らない」かを知りたいわけです。ものすごく有意義なことを説明していても、受け取る側がそれを求めていなければ届きません。

ですから、**そのニーズに応えるような見せ方をしなければいけないのです。しかも、「治る」だけではなく、「笑える」「泣ける」。**

これが**最高のエンタメ**です。

動画再生数が回るのは、偶然ではなく、きちんとしたロジックがあるからです。「ユーザーを楽しませよう」という意識がなければ、わざわざお客さんは動画を見てはくれません。この辺りはかなりシビアです。

動画再生数が飛躍的に伸び、知名度を得た兼子さんは、現在、自身が運営するストレッチ専門スタジオに予約が殺到する状況になっています。兼子さんが監修する商品も飛ぶように売れています。

これぞまさに知名度の効果です。

兼子さんの例のように、**「共感・あこがれ・問題解決」×「喜怒哀楽」は最強のコンテンツになります。**

この話題になるコンテンツが、知名度につながっていくのです。

第1章　知名度を上げる法則　まとめ

法則1　「強み×キャラ×超ニッチ」で勝つ

ライバルがいないニッチな場所で戦えば、28歳無職からでも「一番」になれる。

法則2　踊るなら、人混みで踊れ

トレンドにあやかれば、超ニッチでも目立てる。すでに知名度がある何かに乗っかろう。

法則3　上ではなく、中心を目指す

話題に近づくだけで、イケてる感は演出できる。仲間と一緒にやれば、それだけで何かが起きる。

法則4　思考するミーハーになる

流行っているコンテンツに触れたり、話題のお店に行ったときは、「なぜ話題になっているのか」を必ず考える。

法則5　バズる＝強み×キャラ×トレンド

強みやキャラは、ニーズに合わせないと意味がない。相手が求めているものを考えて、自分をいかそう。

法則6　「喜怒哀楽」でエンタメを作る

「共感・あこがれ・問題解決」×「喜怒哀楽」は最強のコンテンツになる。

第2章

知名度を上げる「自己理解」の法則

自己理解の法則1

自分の「好き」を知っておく

「儲かる」よりも「好き」に人が集まる

突然ですが、絶対に知名度を上げられないパターンがあります。どのようなケースか想像つきますか?

それは、上司から言われて、「仕方なく知名度を上げようとしているとき」です。必ずどこかでフェードアウトします。

モチベーションをキープし続けるには、「人任せにしない」ことが大切。

裏を返せば、「自分事として考える」ということです。夢中になれることをコンテンツのテーマに選ぶべきです。

知名度を上げる――、そう口では簡単に説明できますが、実際に上げていくプロセスは簡単ではありません。

明日明後日に実現できるものではないし、うまくいかないときもある。もうやめてしまおうかと思うときもあります。

自分が好きで夢中になれるテーマだからこそ、自分事として考えることができるんです。

僕が『令和の虎CHANNEL』に虎として出演する際、ある言葉を口にする志願者に対しては、絶対に出資しないと決めています。

どんな言葉だと思いますか？

正解は、「儲かるんです」と口にする人です。

志願者が情熱をもって、いまから新しい挑戦するとき、「好き」よりも「お金」に比重が置かれていると、出資をする気がなくなります。

好きだから挑戦できるし、好きだからくじけても立ち直れる。成功するまで続けられる。

たしかに、自分が仕掛けるとき、ビジネス的な観点は必要です。しかし、それに勝る「好き」がなければ、知名度を獲得することはできません。ファンに見透かされてしまうからです。

僕自身、いまの仕事は「好き」から始めたことです。ですから、志願者が本当に好きで、新しい挑戦をしようとしているのか、そうではないのかが分かります。

口ではきれいごとを言っていても、「好き」という感情はあふれ出てくるものですから、その人から漏れ伝わるものだと思います。

誰かのファンになるとして、その人が楽しそうにしているか、そうではないかは、僕らにも伝わってくるものです。

「有名になりたい」「知名度を上げたい」、そのためには、そのプロセスを「好き」にできるかどうかが、とても大きなポイントです。

自己理解の法則2

「なんでなんで？作戦」で自分を理解する

自分の「好き」や「夢中になれるもの」の見つけ方

人を惹きつけるコンテンツを作るために一番重要なことはなんだと思いますか？
それは**自分を知ること**です。
何が好きなのか？
強みは何か？

キャラクターはどうか？

コンプレックスは何か？


なぜ自分を理解することが重要かというと、それは、**コンテンツの「核」となるコンセプトの部分が決まるからです。**


大前提として、自分の本質を理解しておかないといけません。

自分は、どんな人間で何をしたいのか？

そして、なぜそれをしたいのか？

意外と大事な部分ですが、ハッキリと答えられる人は少ないです。


たとえば、あなたがファッション好きだったとしましょう。

誰かから、「今日はなんでそのコーデなんですか？」と聞かれたとき、すぐに理由が言えるでしょうか？

本当に「好き」だったら言えますよね。

自分なりに研究していたり、そのことが「好き」だったりすると、「なんでこの服装の良さが分からないの？」ととっさに口に出るはずです。

考えるなと言われても、考えてしまう。これが「好き」という感情だと思います。

逆に言えば、こだわりを語れないのは、大して興味がないんです。

ムキになれることは夢中になれること。すぐ出てこないのは、「好き」じゃない。

「人に見てもらえて、人気になる」コンテンツを作るためには、**自分のキャラ**を理解し、その良さを最大限に演じなければいけません。

「ありのまま」の自分ではダメです。自分を120％で演じるんです。

先の兼子さんの例で言えば、「お医者さんですら見放すような重度の悩みを抱える方を治したい」という気持ちが前面に出ていることがコンテンツの魅力になっていると思います。

ユニークなキャラクターや話が上手というのはサイドメニューのようなもの。もっとも優れたこと＝核たることは、**「兼子さんの治したいという情熱」**なんです。

僕たちは、メインディッシュが何なのかを考え、それがきちんと伝わるような作り方に変えたというわけです。

自分がどういう人間なのかが分からなければ、キャラ設定が定まらず、どういった企画にするかも決まりません。

「なんで？」「なんで？」「なんで？」「なんで？」

では、自分を知る方法はあるのでしょうか？

僕が動画のコンセプトを決めるとき、ひたすら演者になる方に「**なんで？**」と聞きます。**この「なんで？」を20回続けるんです。**

「もういいでしょ」「しつこいな」と思われても、徹底的に聞くようにしています。

たとえば、

「なんで、ＹｏｕＴｕｂｅを始めようと思ったんですか？」

「ちょっと、集客を増やしたくて」
「なんで、集客が必要なんですか？」
「事業を拡大しようと思っているから、その基盤になる顧客を増やしたい」
「なんで、事業を拡大するんですか？」

という具合です。

クライアントが企業の場合、社長にヒアリングを重ね、社長の性格や企業のバックグラウンドをとにかく根掘り葉掘り聞き出します。

理想は第三者に聞いてもらう方がいいですが、もし自分で行う場合「紙に書く」といった方法もあります。紙上でも20回「なんで？」を自分に問いかけるのです。

最初の方の「なんで？」に対しては表面的な回答しか出てこないのが一般的です。**そこから「なんで？」を繰り返し10回を超えたあたりから本心が出てきます。**

嘘偽りなくカッコつけずに「なんで？」に向き合ってください。

そうすることで**コンテンツ制作に必要な本質的な部分が見えてきます。**

徹底的に、自分の**アイデンティティ**を掘り下げるのです。

こうすることで、自分自身の「好き」なことや、「夢中になれる」ことが可視化されます。

自分の声が録音されている音声や動画を聞き直したとき、「あれ？　自分の声ってこんな感じなの？」と思ったことありますよね？

自己イメージも同様で、自分が抱いているイメージと、他者のイメージは、必ずしも一致しないものです。

そのため、僕たちは演者さんについて周りの従業員の方にも「〇〇さんってどんな人ですか？」「なんでそう思うのですか？」と聞いて回ったりもします。

まるで取り調べのようですが、それくらい徹底してヒアリングをしないと、コンテンツとして継続していくとき、どこかで妥協やブレが生じてしまいます。

「コンセプト」を見つけることができれば、本質的に脱線することはなくなります。

また動画のコンセプトにおいては「本人の悪いところ」も重要です。従業員の方にヒアリングするときは、**「絶対言わないので○○さんのダメなところ3つ教えてください」**と聞きます。

たとえば、めちゃくちゃ意地悪な社長がいるとします。本人に聞いても「自分は意地悪なんですよ」とは絶対に言いません。

だからこそ、従業員の人に聞いて「社長っていい人なんですけど、言い方が意地悪に聞こえるんですよね」といった声を集めます。

そこから、「じゃあ、もっとキャラを尖らせて、『めちゃくちゃ意地悪な社長』って設定だったら面白いよね」というように考えるんです。

自分では、自分の悪口はなかなか言えません。自分の苦手なことやコンプレックスというのは、自覚していてもプライドが邪魔して、自ら告白できないものです。

僕も忘れっぽい性格なのですが、社員のみんなに言われるまで全く自覚していませんでした（笑）。

覚えておいてほしいのですが、**コンテンツに関しては、悪いところやデメリット、コンプレックスが、ときに共感を生んだり、ギャップとして笑いを生む武器に変わります。**

自分の良さ、そして悪い点（コンプレックス）まで洗いざらい自分を理解すること。それこそが、知名度を上げるコンテンツ作りのスタートラインです。

自己理解の法則3

コンプレックスはエンタメにする

短所は個性になる

人気者全員が、必ずしもイケてるとは限りません。情けなかったり、鈍臭かったりする一面も、共感を呼びます。個性として考えると、コンプレックスや短所は武器になります。

先ほども言いましたが、僕は中卒です。

中卒と聞くと、ほとんどの人がネガティブなイメージを持つと思うのですが、**中卒だからこそ「中卒社長」というニッチなワードを手に入れることができます。**

「中卒社長」と「名門大学卒業の社長」を並べたとき、どちらが印象に残りますか？

「名門大学卒業の社長」だとほかにも大勢いて埋もれてしまいかねませんが、「中卒社長」はインパクトがあります。

コンテンツが拡散されるためには、目立たなければいけません。ネガティブだと思われていることを、**「目立つ」目線で考えると、ポジティブに変わる**んです。

人は基本的にネガティブな情報に目が行くようにできていると言います。

「ネガティビティ・バイアス」と呼ぶのですが、否定的なことに目を向けがちなのは、それに対処する方法を準備しておく方が生存競争の上では有利だからと言われています。

そのため、どうしてもネガティブなものに目を向けてしまうようにできているそうです。

実際、チャンネル名やキャッチフレーズを付ける際はネガティブな方が好まれます。

ネガティブなものに目が行く、そして自分よりダメな人を見て安心したいという欲求が再生数という形で表れるんです。

YouTubeでも、「**無職**」や「**ぼっち**」といったネガティブなフレーズを打ち出している人気アカウントが少なくありません。

コンプレックスの捉え方

「悪名は無名に勝る」ではないですが、「コンプレックスは何もないより勝る」と言えます。

僕の信条に、「**コンプレックスは出して、隠せ**」というものがあります。

不思議なもので、コンプレックスは隠そうとすればするほど痛々しく、また周囲も気を使うようになります。

ですから、ちょいちょい出して、いやだなと感じたときだけ隠せ、です。

たとえば僕は顔が大きくて、太っています。「イカつい」、「怖そう」ということもよく言われます。人によっては、コンプレックスでしょうが、僕はそうは思っていません。

著者近影

コンプレックスは、エンタメになるからです。

実を言うと、自社のＴｉｋＴｏｋ「メンヘラ秘書」は、僕のマイナスイメージから生まれた企画なんです。

僕は怖そうな見た目こそしていますが、怒ることが滅多にありません。社員に「怒ったところ見たことありますか？」と聞いても多分誰もいないんじゃないかなと思います。

そこで秘書が「怖そうな僕」にどんなイタズラをしても絶対に怒らないというギャップをエンタメにしたのです。

ちなみに、よく動画のネタで「あるある」という共感を狙ったコンテンツがありますが、逆の「ないない」も企画になります。簡単に言えば、「こんな○○は嫌だ！」というネタです。

僕たちの「メンヘラ秘書」は、そういった要素もいかした企画です。

もし、「あいつって目つきが悪いよな」「ほんと、そう思う」と誰かに言われたとしたら、一見すると悪口ですが、その「目つきの悪さ」こそがその人のエンタメの種であると教え

TikTok・竹内 亢一　令和の虎
https://www.tiktok.com/@suneight.ceo?lang=ja-JP

てくれているんだと思ってください。

だったら、自分からそのポジションを取りにいきませんか？

言われるくらいだったら、自分から発信した方がいいと思うんですよ！

小学生の頃、なんであんなくだらないことで笑っていたんだろうと思うことがありますが、良くも悪くもショート動画はそのときの感覚と同じくらい笑いの沸点は低いんです。目つきの悪さを誇張した、ちょっと笑える動画をあげるだけで、何もしていない人よりも間違いなくあなたの知名度は上がります。

僕は、自分のネガティブなことをポジティブに反転できる人は強いと思っています。

お笑いコンビ「ＮＯＮ　ＳＴＹＬＥ」の井上裕介さんは、そのナルシストな言動から「キモイ」と言われ続け、Ｘで何かをつぶやくたびに、石つぶてを投げられるように厳しいレスポンスが届いていていました。

しかし、そうした中傷に対して、井上さんは面白おかしく切り返していたことから、ついには「まいにち、ポジティヴ！」という日めくりカレンダーを発売。売り切れが続出するほど人気に火が付き、見事に「キモイ」を武器に変えてしまいました。

コンプレックスや短所は、上手に使えばあなたを人気者にしてくれるのです。

自己理解の法則4

絶対に「NO」と言わない

なぜ、僕は誘いを断らないのか?

何もない28歳のとき、「面白い動画を作れるやつ」というポジションにこだわり続けたという話をしました。

そのときから同時に意識してきたことがあります。

それは、「**NOと言わないキャラを演じる**」です。

これを始めたきっかけは、ともに働く映像制作の先輩から、「お前にとっての差別化は何だ？」と言われたことでした。

僕自身、バンド時代は目立つことで差別化を図ってきたはずなのに、いざ社会人になって映像の世界に足を踏み入れると、自分の個性が分からなくなっていました。

自分は面白い映像を作ることができる。

でも、面白い映像はほかの誰かでも作ることができるかもしれない。

そこで、「面白い映像を作れる」という自分のスキルのほかに、何があるのかを徹底的に考えました。

自分はどんな人間なのか、性格なのか——。

自己分析をするように「なんで、なんで」を繰り返し、もう一度自分のキャラクターを考えたんです。

実を言うと「自分を知る」にこだわるのは、自分自身、徹底的に向き合ってきたからです。

すると、「人を楽しませるのが好き」ということが僕の根底にあると気がつきました。

人としゃべることも、誰かと何かをするのも好き。

だったら、その個性を最大限にいかして差別化ポイントにしよう。**そう考えた僕は「NOと言わない」キャラを演じることにしました。** 元々誘われたら断らないほうなのですが、100%断らないようにしたんです。


これは仕事に限った話ではありません。日常全てでです。

遊びやごはんに関しても、NOと言わない。

六本木界隈にいる人たちは、生活サイクルが多種多様です。ご飯を食べるにしても、18時に食べる人、20時に食べる人、22時以降に食べる人、さまざまなんです。


「竹内、ご飯に行かないか？」

「あ、行きます！」


誘われれば、僕は全ての食事に参加するようにしていました。

たとえ2時間前に食べていたとしても、「いや、もう食べちゃったんで」とは断らずに参加します。

もちろん、無理をして食べるときもありますが、そういうときは飲み物でごまかしたり、やたらと話し続けたりして、気づかれないようにしました。

僕がいま、太っているのは、そのときの財産とも言えるわけですが(笑)、「呼んだら来る」というイメージが付いたことで、誘われやすくなり、人が人を紹介してくれることでめちゃくちゃ知り合いが増えました。やっぱり一度イメージがつくと、自動的に評判が広まっていくんです。

先ほど、自分の好きを見つけようという話をしましたが、自分を広げる視点も重要だと思います。

自分の好きなものだけを選択していると、つまらない人間になってしまいます。

誘われたら、とりあえず行ってみる、やってみる。

楽しければまた参加すればいいし、つまらなかったら違う楽しみ方を探せばいい。

判断力の差は経験の差。

経験の差は行動の差。

そして、行動の差は好奇心の差。


何かの誘いを受けるというのは、自分の可能性を広げてくれるチャンスです。

その好機をみすみす逃してしまうのはもったいないと思います。

とりあえず1回は、やってみてほしいです。


人は背伸びをする機会があるほど成長する生き物だと、僕は思っています。

僕自身、「NOと言わない」と自分のキャラを決めてから、背伸びをしなければいけない機会が増えました。

どんなに仕事が忙しくても、誘いを断らないので、睡眠時間を削って作業を進めたときもあります。しんどいときもありました。


でも、きっと僕が映像の世界だけに留まっていたら、同じ業界の人としか出会わなかったと思います。「映像の世界の職人になる」と自ら設定してしまうのは、自分目線の発想です。

自分の幅を広げる、自分の個性を考えるということを考えたとき、僕は他者目線で〝**人から喜んでもらえる竹内像**〟を第一にし、「ＮＯと言わない」ことを強みにしました。

あなたも自分のキャラを最大化するマイルールを作ってみてください。

自己理解の法則5

ユーザーが自分に何を求めているかを知る

どういう人に支持されているのかを理解する

あなたの会社は、どういう人に支持されていますか?

僕はこの質問をよく社長に聞きます。**自社が選ばれている明確な理由を把握している人は、驚くほど少ないです。**

自分を知ることと同様に、**自分の顧客や評価してくれる人**を知ることは超重要です。

誰向けなのか分からなければ、どんなものを作ればいいのか、あやふやになってしまいます。

マーケティングの世界では、詳細な設定をした架空の顧客プロファイルを「ペルソナ」と呼びますが、僕がクライアントに、「御社のビジネスは、どういう属性の方に向けているのですか?」と聞くと、男女比や年齢層といったデータ的なことこそ答えが返ってくるものの、それ以上の回答はなかなか返ってきません。

データありきでとらえているため、顧客がどういった動機で自分たちを選んでいるのか、いまいちよく理解できていないのです。

動画もいろいろなデータが取れるので、細かく分析して頭でっかちになっている人が結構います。

もちろん、データも大事ですが

「どういう気持ちの人が喜んでくれるのか」

を考える方が成果につながります。

先ほどの兼子さんの例でざっくり言えば、「症状に悩んでいて、なんとかしたい」「症状が『治る』か『治らない』かを知りたい」が本来ペルソナの気持ちです。

自分の「アイデンティティ」を知ること、そしてユーザーの「気持ち」を理解することが、人気になるコンテンツ作成の両輪だと思います。

「ペルソナが欲しいもの」を見誤ると、ユーザーは離れていってしまいます。

動画の世界で言えば、再生数が回らなくなるということです。

ユーザーが欲しいものから外れるな

かつて、僕たちが管理していたチャンネルに、あるクリニックの先生がいました。

そのクリニックは兼子さんのとき同様、再生回数も飛躍し、多くの人に見られるようになりました。

しかし、知名度が出てきたことで、その先生は違った動画も作りたい、自分のモーニングルーティンの動画などを撮りたいと言うようになりました。

僕らは、「違うことをすると、定着してきたユーザーが離れてしまう」と説明したのですが、折り合わず、結局僕たちはその先生との契約を打ち切ることになってしまいました。

その後確認してみると、その先生は自らがやりたいと話していたモーニングルーティンなどの動画を公開していました。

しかし、その再生数は……。まあ言わなくても分かりますよね。

目を覆うような数字でした。

僕らが手掛けていた動画は数十万回再生されていたにもかかわらず、そのあとにアップされた動画は数千回にとどまっていました。

それもそのはず、これまでの視聴者の多くは、クリニックの雰囲気や施術の方法を知りたい人が中心だったと思います。

申し訳ないですが、そのユーザーたちは先生のモーニングルーティンには全く興味がないのです。

動画再生数が多いからといって、必ずしも安定したファンが自分の動画についていると は限りません。それだけ再生されたのは、「ユーザーの気持ち」と自分のコンテンツがたまたま合っていただけかもしれません。ペルソナであるユーザーの気持ちを無視し、そこから外れた動画を公開してしまうと、完全に逆効果です。

いままで250以上のチャンネルをお手伝いしてきましたが、何度もこういう失敗をする人を見てきました。 みなさん、最初はユーザーのために動画を作っていたのに、途中で数字が伸びてくると、自分にファンがついたと勘違いしてしまうのです。

こうなってしまうと、僕らが何を言っても聞いてもらえません。

「ここで天狗にならなければ、もっと動画が再生されたはずだし、本当の知名度を手に入れられたはずなのに……」と僕はいつも残念に思っています。

やはり、大事なのは相手の**ニーズ・気持ち**です。

相手が何を求めて、コンテンツを見ているかを必ず第一に考えましょう。

自己理解の法則6

「相手が喜ぶ自分」を演じろ

「素」のあなたで、プロに勝てるのか？

僕は結局、自己犠牲が誰かの心をつかむんだと思っています。

自分の作ったコンテンツで誰かを楽しませたい、喜ばせたいという気持ちは、少し大げさかもしれませんが「**人助け**」の気持ちと似ています。

同じものを作っていても、「俺が作ったものは面白い。俺はすごい」と思っている人と、

「自分が作ったもので、1人でもたくさんの人に喜んでもらえたらうれしいな」と思っている人とでは、根底にある心の持ちようはまったく違います。

前者は、自分のため。後者は誰かのためです。**誰かに寄り添えるようなものを作るから、人が人を呼び、人気の輪は広がっていきます。**

〝自分のため〟が前面に出てしまうと、どこかで人の心は離れてしまいます。

営業パーソンに提案されているとき、「自分の成績のため」が透けて見えると、いい商品だとしても買いたくないですよね。

また、アカウントが育つまでは「**自分のこだわり**」は1回捨ててください。何者でもない人が、「僕はこう思います」と宣言しても、よっぽど革新的な意見でないかぎり、誰かの心をつかむことはできません。だからこそ、最初は自分より知名度がある人や尊敬できる人の背中を見て、走り続けるしかないんです。

相手からの見られ方を意識するだけで再生数は、簡単に変わるものです。

僕はヴィジュアル系のバンドをやってきたので誰よりも見られ方を意識してきました。

そんな僕が断言します。

見られ方を意識するだけで、相手に与える印象は180度変えられます。

知名度を上げるためには、当たり前ですがファンを獲得しなければいけません。

誰かが見つけてくれるのを待つのではなく、どうすればファンになってくれるかを真剣に考えてください。

僕のバイブルに『マネーの拳』という漫画があります。

簡単にあらすじを言うと、元ボクシング世界王者の主人公が、ビジネスの世界に飛び込む話です。この漫画には、ある大富豪が、素人にもかかわらず飲食店を営む主人公を諭すシーンがあります。その主人公の状況をボクシングにたとえたセリフを紹介します。

「わかりやすくいえば、あなたが以前いたボクシングの世界…

トレーニングもロクにしない男がグローブをつけてリングに上がってきたようなもの。

そんなやつ、あなたならものの3秒で倒しているでしょう。

そして心の中で吐き捨てるのです…

プロ…なめんじゃねえよ」

現在のＳＮＳや動画の世界も同じことが言えます。**プロが本気で戦っている世界で、素人が「ありのままの自分」で勝てるはずありません。**

ファンの心をつかみたいのになんの努力もしないありのままの自分で挑む。そんな身勝手な話はありません。もちろん稀に素のままバズる人はいます。

でもそれはほんの０・００数％。

だから僕は「**演者であれ**」という話をよくしています。

演じるというのは、別人になれという意味ではなく、自分の本質を理解し、相手が喜ぶ自分を誇張しろということです。

相手の心をつかみたいなら、相手が喜ぶために自分がどうすればいいのか――を真剣に考え、相手が喜ぶ自分を全力で演じてください。

いまのあなたの環境は、自分が歩いてきた足跡の最前線に立っているに過ぎません。この場から右足で踏み出すか左足で踏み出すかで、1カ月後、1年後に見ている景色は大きく変わります。

自分のためではなく、相手のために自分は何を行動できるのか。

知名度を上げるために、忘れないようにしてください。

第1部は以上になります。知名度を上げるためのマインドや基本的な法則、自分を理解するための方法をご理解いただけたと思います。

次からは、第2部の実践編に入ります。

第3章では、アカウントの「軸」になるコンセプトについて、第4章ではコンテンツの考え方、第5章では実際の動画の作り方やアカウントの運営について話していきます。

第2章　知名度を上げる「自己理解」の法則

まとめ

法則5　ユーザーが自分に何を求めているかを知る

自分の「アイデンティティ」を知ること、そしてユーザーの「気持ち」を理解することが、コンテンツ制作には欠かせない。

法則6　「相手が喜ぶ自分」を演じろ

プロが本気で戦っているSNSの世界で、素人が「ありのままの自分」で勝てるわけがない。

全力で、自分のキャラを演じよう。

法則1　自分の「好き」を知っておく

「儲かりそう」よりも自分の「好き」「やりたい」という気持ちに、ファンはついてくる。

法則2　「なんでなんで？作戦」で自分を理解する

「なんで？なんで？」を20回問いかければ、自分の核が見つかる。途中でやめずに、必ず20回繰り返す。

法則3　コンプレックスはエンタメにする

ネガティブなことをポジティブに反転できる人は強い。悪口を言われたら、エンタメのヒントをもらったと考えよう。

法則4　絶対に「NO」と言わない

判断力の差は経験の差。経験の差は行動の差。そして、行動の差は好奇心の差。誘われたら、一度は行ってみる。

第2部

知名度の上げ方・超実践編

第3章

1年で1万人のファンを作るコンセプトの法則

コンセプトの法則1

「共感」「あこがれ」「問題解決」

人気になるコンテンツは、3つのジャンルしかない

さて、ここから動画コンテンツのコンセプトを考えていきます。

自分のアカウントを伸ばすためには、視聴者がファンになり、支持してくれる動画を作り続けなければいけません。コンセプトは、そのチャンネルの「軸」になる部分です。

数多くのチャンネルがある中で人気のアカウントの共通点は、何だと思いますか？

答えは、「共感」「あこがれ」「問題解決」です。

序章で少し触れましたが、僕が動画を企画するとき、「共感」「あこがれ」「問題解決」をどうコンテンツに組み込むかを考えます。

ひとつは必ず入れる。３つとも動画の中に入れられれば最高です。

実際、先に紹介した兼子さんの動画は、相談者の苦痛にゆがむ顔や痛みを見て感じる**「共感」**、長年の悩みが解決されたという**「あこがれ」**、そして体の痛みを治すという**「問題解決」**、これらの要素がともなっているから、１００万再生以上を連発しています。

僕たちのＴｉｋＴｏｋアカウントは、僕が秘書からさまざまないたずらを仕掛けられ、何をされても「怒らない社長」という動画を投稿していると言いました。

怖そうな僕の見た目と絶対に怒らないキャラのギャップをいかして、ＴｉｋＴｏｋの動画を作ろうとしたとき、僕はまず**「共感」**にフォーカスをあてようと考えました。

・膝カックン
・しっぺ
・物陰に隠れて、驚かす

といった小学校のときに誰もが経験したことがあるだろう、ちょっとしたいたずらに引っかかる社長にすることで、クスッと笑えて、「分かる分かる」とうなずいてもらう。そうして誕生したのが、**「誰もが経験したことがあるようないたずらを仕掛けられても怒らない社長」**という動画でした。

誰かが体験したこと（＝あるあるネタ）は、共感になりやすく、良いリアクションが返ってきやすいのです。

さらに言うと、「高層階のオフィス」「従業員と社長の風通しの良さ」という**「あこがれ」**も意識しています。そして、人間関係で悩んでいるサラリーマンからすると「こういう会社もあるんだ」という**「問題解決」**まで盛り込んだ3段構成になっています。

実際、ＴｉｋＴｏｋの動画効果によって、僕たちの会社に多くの採用のエントリーが来るようになりました。

他の例ですと、一時期流行った有名人のモーニングルーティンは、**「あこがれ」**にひもづいたキラーコンテンツです。自分も同じルーティンを取り入れたら、あこがれの人と同じ生活をすることで心身ともに満たされる――、そうした未来を予感させるから、心をつかまれるわけです。

「ホスト界の帝王」と称されるROLAND（ローランド）さんは、まさに**「あこがれ」**を採用に上手に結びつけた人物だと思います。

彼が発信する情報によって、「ROLANDさんと一緒に働きたい」「自分もROLANDさんのようにお金を稼ぎたい」と夢を見た若者は多数います。

また、令和の虎・桑田龍征さんがオーナーを務めるホストクラブ「NEW GENERATION GROUP」にも応募の問い合わせが殺到しているそうです。

「共感」「あこがれ」「問題解決」は、本来は見せたくない部分もオープンにすることでよりダイレクトに響きます。

ホストの動画であれば、バックヤードで怒られている姿をさらけ出した方が、より共感を生むし、情報性も高い。情報性が高いということは、安心感にもつながります。

クローズにしてしまうのは、いまの時代では損をするだけ。

ユーザーからすれば、「見せられないくらい内側はやばいのかな……」と感じてしまうわけです。

オープンにして、中身をさらけ出すからこそ、ユーザーはあれこれと楽しめるんです。

「共感」「あこがれ」「問題解決」は、「人のため」につながる要素です。

考えようによっては、「動画を見ている＝暇つぶし」は問題解決です。コンテンツを作ることそのものが、誰かの暇という問題を解決しているとも言えます。

「共感」「あこがれ」「問題解決」。この3つを念頭に置くと、人に刺さりやすいコンテンツになります。

動画にたくさんコメントが寄せられているものは、この3つが必ず入っています。

なぜその動画が人気なのか。「共感」「あこがれ」「問題解決」で因数分解してみると、謎が解けるはずです。

コンセプトの法則2

トレンドを因数分解せよ

もし、あなたがお店を出すとしたら

たとえば、あなたがカレー専門店をオープンさせると仮定して、どういうプランニングをするか実践してみます。まず、その街にはどんな飲食店があって、どんなお店が人気なのか、競合となりそうなカレー店はあるか、をリサーチしますよね？

コンテンツ作りも全く同じです。

知名度を上げていくわけですから、自分と近い領域の動画を知ることで、自分の長所や相手の短所がより明確に分かるようになります。

まずリサーチ方法ですが、

・出店するエリアで流行っているもの
・飲食店という括りで流行っているもの
・サービス業で流行っているもの
・カレー関連で流行っているもの

を全て見て、何が流行っているかを因数分解します。そこから自分のキャラと商品に「なんで？なんで？」を繰り返し、どのトレンドと相性がいいかを見極めます。

ただ、ヒカキンさんなどの有名ＹｏｕＴｕｂｅｒがあげている動画は参考にしないようにしてください。そういった動画はかなり再生されていると思いますが、元々のチャンネルパワーがあるので、初心者が参考にするのはまだ早いです。

とくにリサーチでは、

- **ここ半年で上がっている動画**
- **登録者に対して3倍以上視聴されている動画**
- **トレンド、時事ネタ**

をチェックしてください。

「登録者に対して3倍以上視聴されている動画」というのは、たとえば200人ほどしかチャンネル登録者がいないにもかかわらず、再生回数が1000回以上伸びているような動画を指します。登録者数に対して、視聴回数が3倍を超えている動画は、エンゲージメント率が高いから広まっているわけです。つまり、エンゲージメント率が高い動画が「良い動画」「需要がある動画」なんです。

そこには必ず「共感」「あこがれ」「問題解決」が含まれています。

流行っている動画を見て、3つの要素のうち何が入っているか、因数分解してください。するとと、共通項が見えてきます。それを積極的に取り入れて真似するのです。

半年以内にアップされていて、登録者数の人数に対して3倍以上視聴回数が多い動画は、いまから作ろうとしているあなたの最高の教材になります。

30分スマホを見ているだけでも十分リサーチになる

トレンドを調べるなら、断然ＴｉｋＴｏｋをオススメします。ＴｉｋＴｏｋをひたすら見続けていると、いま何がコンテンツとして流行っているかが分かります。

「何が流行っているかリサーチするぞ!!」という目線で30分も見ていれば傾向がつかめてきます。

冗談でも何でもなくＴｉｋＴｏｋでは、流行っている動画が何度も繰り返し表示されるようにできているんです。そのため「また表示された」という動画が、現在進行形でＴｉｋＴｏｋで支持を集めている動画ということになります。

話題の動画を分析することで、見られやすい動画、ファンが付きやすい動画になる可能性が上がるわけです。

コンセプトの法則3

「ニッチ×ニッチ×ニッチ」を見つける

最大公約数を狙ってはいけない！

ここまでで、自分のキャラクター性、ペルソナの気持ち、そして自分が参入しようとしている領域のトレンド、この3つを理解することが重要だと分かってもらえたのではないかと思います。

ここから、具体的に**動画のコンセプト**を考えてみましょう。

大前提として、あなたは初心者です。どんな領域の動画を作るにせよ、そのほとんどはすでに多くのライバルがいます。

ここで「絶対にしてはいけない」ことがあります。
それは、初めからテーマの真ん中を狙うことです。

たとえば、あなたがグルメ好きだったとしましょう。得意分野ですから、グルメや飲食店を楽しむような動画を作ろうと考えますよね？

ニーズがある「グルメ」というテーマ自体はいいんです。
でも、**単純な「肉じゃがやオムレツの作り方」とか「美味しい飲食店を紹介する」というコンテンツで勝負する。これがNGなんです！**

グルメに関する人気コンテンツがひしめく中、後発のあなたが普通に戦っても二番煎じ、三番煎じならぬ、百番煎じです。

ほかと違う見せ方・切り口にしなければ、埋もれてしまいます。

コンセプトは「**ニーズのあるテーマ×自分だけの切り口**」に設定しましょう。

あなたは何の日本一になら、なれますか？

では、そのニッチな切り口をどう見つけるか？

僕は、新卒にも中途にも面接のときに、「あなたは何の日本一になら、なれますか？」と必ず質問するようにしています。

第2章で「なんで？なんで？」と自分のキャラを理解することを説明しました。

コンセプトを決める段階では、「自分は何であれば日本一になれるかな」とアイデンティティを深掘りしてください。

たとえば、僕なら「日本一モテるデブ」に設定しています（笑）。

人によっては、「太っている」ことはマイナスだと思いますが、先ほど説明したようにコンプレックスは武器になります。

ですから、僕は痩せようとは全く思いません。

僕からデブを差し引くと、「デブの中で日本一モテる」ポジションが取れなくなってしまうからです。

「もうちょっと痩せた方が、もっとモテるかな」などとブレ始めると、秘書からさまざまないたずらを仕掛けられ、何をされても怒らない社長というＴｉｋＴｏｋもつまらなくなると思いませんか？

シュッとした社長より、ぽっちゃりしたイカつい社長がいたずらをされるギャップがあるからクスッと笑える。

あなたがゼロから動画のコンセプトを考える際は、いかにニッチなところを攻めることができるかを考えてみてください。その分かりやすい考え方が、「**自分は何だったら日本一になれるか**」なのです。

具体的に、自分が日本一になれる分野をどう見つけるか？

その答えが、「**ニッチ×ニッチ×ニッチ**」です。

そう、「はじめに」で話したスーパーニッチ戦略です。３つの要素を掛け合わせることで、ほかの誰とも被りづらい独自性のあるコンセプトになります。

できる限り細かい設定を考えてください。

たとえば「面倒臭がりだけど、掃除だけは好きな人」のコンセプトを考えるとします。掃除というジャンルは人気がありますが、「ズボラ×お掃除」では、競合が多すぎます。

そこで、自分がお酒を飲むのも好きなのだとしたら、「ハイボール片手に楽しみながら（お酒が手放せない）」という要素をかけ合わせるのです。

すると、「ズボラ×お掃除×ハイボール」という超ニッチな切り口で勝負できます。

「ハイボール片手に」は、料理研究家のリュウジさんの真似をしているようですが、**イケてる感を演出するためにトレンドに乗っかってしまうのはひとつの手です。**

そして、ネガティブなフレーズの方が視聴者の関心を集めやすいことを考えると、ハイボールに溺れたズボラ人間の〝誰でもできる掃除法〟といったコンセプトが考えられます。見るからにインパクトのあるチャンネルになりそうです。

たしかに、大きいジャンルですが、切り口としてはものすごく狭い。一体、誰が見てくれるのだろうかと思うかもしれませんが、これくらいニッチで攻めた方が勝ち筋を見つけられます。ここで一番を目指すのです。

すると「**あの**ハイボール好きの人が掃除するやつ、面白いよね」といったように、ポジションを獲得できます。

もうひとつ例を挙げましょう。離婚問題に強い弁護士が、新たにチャンネルを始めるとします。

やはり、単純に「離婚×弁護士」では競合が多すぎます。

僕だったら「妻から離婚を迫られている夫」にだけアドバイスする、スーパーニッチな切り口の離婚コンテンツを発信するようにアドバイスします。

これだけ狭い切り口だと誰も見ないかもしれない……と思いますよね？

最初はそれでいいのです。視聴者が、「あ、あいつ悩んでたよな」と離婚寸前の友達を思い出して、動画ＵＲＬを送ったりするんです。この共有される現象も重要です。

お茶の間の人気者、ヒカキンさんは元々「ボイパ（ボイスパーカッション）」の人でした。**あのヒカキンさんもやっぱり超ニッチな切り口で認知されてから、「エンタメ」という大きいジャンルで活躍しているんです。**

大きな切り口で勝負するのは、ニッチなところで知名度を上げてから。

まず狭い切り口で、一番の知名度を獲得するまでしつこく続けましょう。

コンセプトの法則4

「ニーズがある空席」を探せ！

コンセプトを見つけるのは、イス取りゲームに近い

ただ、「ニッチ×ニッチ×ニッチ」を考えるのは結構難しかったりします。

僕はよくイス取りゲームにたとえて説明します。

イス取りゲームのように、タイミングを見計らって、空いている「ニッチ×ニッチ×ニッチ」ポジションに設定するイメージです。

しかし、**空いているイスが、人気だけどたまたま空いているイスなのか、ニーズがなく誰も座らないイスなのかを見極めなければいけません。**

だから、競合他社のリサーチが重要なんです。

実際の例で説明しましょう。

現在、僕らが手掛けているＹｏｕＴｕｂｅチャンネルのひとつに、『【料理研究家 水野あき】誰でも作れる簡単レシピ』というチャンネルがあります。

水野さんは、お子さんと一緒に作れる簡単レシピを紹介する動画を作成されています。僕たちに出会うまでは別の制作会社にコンサルを受けながら動画を作っていたのですが、チャンネル登録者数は１００人ほど。

当時、水野さんはホットプレートだけで作れる料理動画ばかりを投稿されていました。ところが、各種ＳＮＳの動画コンテンツを調べてみても、ホットプレートで結果を残している投稿はなかなか見つかりませんでした。

YouTube・【料理研究家 水野あき】誰でも作れる簡単レシピ
https://www.youtube.com/channel/UCtpAx6VaZLtSMS3mNKjmBdg

たしかに、このパイを獲得できれば、一強状態になれる可能性もあります。

しかし、再生数の高いホットプレート動画がないということは、残念ながら席が空いているのではなく、**需要がないだけ**という可能性が高い。

そのため、僕らは「ホットプレートはあきらめましょう」とお伝えしました。

しかし、水野さんにも「こだわり」があります。僕らが企画に入ったあとも、3カ月ほどホットプレート飯を続けてみたのですが、やはり登録者数は伸びませんでした。

そこで再度、「ホットプレートに見切りを付けましょう」と提案したのです。知名度が追い付いてきてからホットプレート飯をやりましょうと、半ば説得に近い形で違う道を模索しました。

水野さんはお子さんと一緒にできる、火を使わない、包丁も使わない料理をすることをコンセプトにされていました。

僕たちは、「なんでなんで?作戦」を水野さんにも実行したところ、「子どもと一緒に料理が作れて、いずれは子連れで料理教室に来てほしい。そのため危険ではない料理を作りたい」と思っていることが分かりました。とても素敵な考え方だと思います。

一方で、その理念は必ずしもホットプレートである必要はないとも言えます。

そこで、「お子さんと一緒に作れる簡単レシピ」という見せ方に変更しました。

現在水野さんの動画は、チャンネル登録者数が９９００人を超え、あと少しで1万人というところまで迫っています。２０２２年10月から僕らがサポートするようになったので、約1年で１００人から９９００人まで伸びたことになります。

ニッチを掛け算するとき、そのポジションの人気を見極めると成果が大きく変わります。

やりたいことは知名度が上がってから

最初は「**やりたいこと**」ではなく、「**やるべきこと**」が大事です。

知名度が上がれば、必ずやりたいことができるようになります。

そのために、自らのこだわりをいったん心の中にしまって、視聴者が求めているイスを取りに行くことが大事です。

ちなみに、**理想－現実＝課題**で企画を考えるのも有効です。

水野さんの例で言えば、たしかにホットプレートは便利ですが、家の中に匂いが充満してしまうので視聴者が真似しにくいというデメリットがありました。

自宅の中では厳しいという課題が見えると、「キャンプでできるホットプレート料理」といったアウトドア系の料理チャンネルだったら需要があるかもしれない――など新たなアイデアも生まれます。

理想（何も汚れない）－現実（家の中に匂いがつく）＝課題（自宅では使いづらい）

理想から現実を引き算すると課題が見えてきます。

それをどう解決できるか考えることも新たな視点のヒントになります。

コンセプトの法則5

コンセプトは、一言

「あの〇〇」と言われる企画を作れ

コンセプトは、一言で説明できるかどうかが大事だと思っています。

「竹内さんはＴｉｋＴｏｋをされているそうですけど、どんな動画なんですか？」

「メンヘラ秘書が社長の僕にいたずらする動画です」

このように、端的に説明できる動画は見られやすいです。
しかもどんな内容か少し気になりませんか？
見られやすいということは、分かりやすいということ。そして、分かりやすいということは、イメージを共有されやすく覚えられやすいということなんです。

「あ！　なんか見たことがあります。膝カックンとかされる、あのいたずらされる社長って竹内さんだったんですか!?」

「竹内＝社員にいたずらされる社長」というように、「▲▲さんの動画と言えば○○」というイメージができあがるまで、こすり倒しましょう。
さっきの例で言えば、「いつもハイボールを飲みながら掃除をしている人だ！」と言われるまで、ブレてはいけません。そう呼ばれるようになるということは、イメージが定着してきている証拠。知名度が向上してきているパラメーターになります。

「**あの**動画の人だ」「**あの**○○する人だ（される人だ）」ではないですが、小さな界隈でも

〝あの〟が付くまで、繰り返し積み重ねていく必要があります。

僕が会社を立ち上げる前の六本木時代に言われていた、「笑えるサプライズ動画を作れるやつ」というポジションも同じです。

代名詞で呼ばれるようになることが、知名度のファーストステップです。

みなさんも、「あのお店の○○が美味しいから食べてみて」とか「あの○○で有名なお店、なんだっけ?」と言ったりしますよね。

感覚的に共有できるか否かが、人気になる動画とそうではない動画の違いです。

ただ、**あれもこれもと手を出すと、結局、その動画は何を強みにしているチャンネルなのか、イメージも印象がぼやけてしまいます。**

僕はいろいろな社長にお会いするのですが、その中には3つも4つも事業を展開している社長もいらっしゃいます。そういう方は、結局「いろいろやっているけど、この人は、〝何屋さん〟なんだろう?」となって、全く印象に残りません。

知名度が追いついてきてから、枝葉を広げることは問題ありません。

ソフトバンクや楽天がいい例です。両社とも、現在では幅広く事業展開していますが、創業当初はメインの事業が明確にありました。ソフトバンクは携帯電話、楽天は総合ショッピングモールです。会社が成長してから、多角的に経営しています。そのイメージで自分のアカウントを運営するべきです。

まだ知名度がない段階であれば、まずは根幹の一言をしっかり定め、愚直に実行し続けることが大切です。

コンセプトの法則6

AIに推されるまで、ブレるな

スーパーニッチ戦略は、アルゴリズム的にも正しい

あなたはいま、味噌ラーメンが食べたい気分だとします。味噌ラーメンがあるであろう町中華と味噌ラーメン専門店が並んでいたらどちらに入りますか?

両店とも無名であれば、まちがいなく味噌ラーメン専門店を選ぶでしょう。

そのお店が味噌ラーメンにこだわりを持っているからこそ、わざわざ間口の狭い味噌

ラーメン専門店の看板を掲げているわけです。

動画も同じです。ニッチな動画であれば、コアなファンが定着してくれる可能性があります。先ほどの例であった「ズボラ×お掃除×ハイボール」という動画であれば、ハイボールを飲みながら掃除をする姿を待ち望んでいるファンが少しずつ増えていくわけです。

ここからさらに多くの人に見てもらうために、**AIを味方につける必要があります。**このAIについて簡単に説明しましょう。

動画SNSでは、動画がよく「波紋状」に拡散されていくと言われています。63ページでも触れましたが、これはAIが自動的に広めてくれる仕組みがあるからです。

まず動画がアップされたら、チャンネル登録者におすすめされます。

登録者からのエンゲージメントが高ければ、次にAIが登録者と似た属性の人たちの「おすすめ」に表示してくれます。

そして、未登録者の反応も良いと、より広い層のおすすめに表示されていく……といった具合に次々に拡散されていきます（次ページ図参照）。

拡散のイメージ図

人気の高い動画ほど
より多くの人に見られていきます。

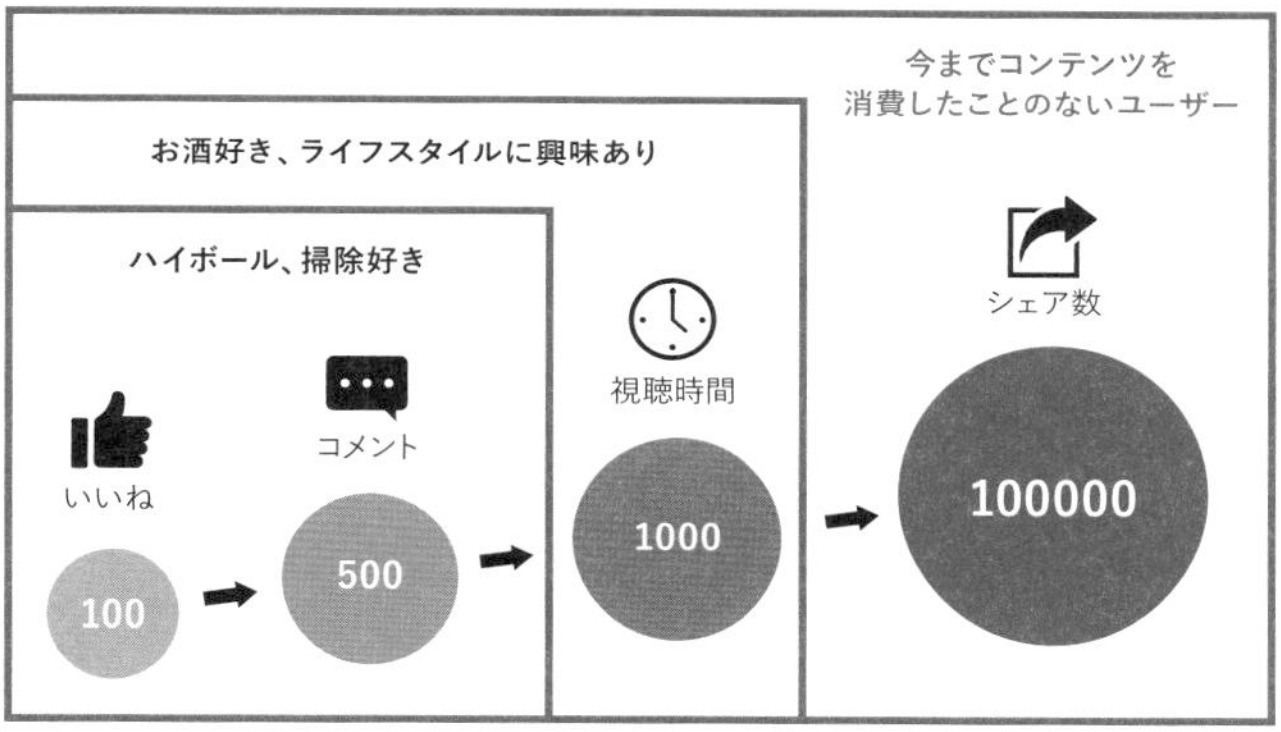

だから、**まずAIに「どういうチャンネルなのか」を認識させる必要があります。**

先ほどの例で言えば、ＡＩは、「ハイボールに溺れたズボラ人間の〝誰でもできる掃除法〟」と認識しています。これをもとに関連動画の可能性を探ります。

ところが、「ハイボールに溺れたズボラ人間の〝誰でもできる掃除法〟」とは違う内容を投稿し続けたらどうなるでしょうか。

たとえば、ハイボールを飲みながら野球について熱く語ったり、息抜きとして居酒屋でハイボールを飲むような動画を投稿したりする——。

一見すると、「ズボラ×お掃除×ハイボール」という内容に関連している動画ですから問題ないように思えます。

しかし、動画ＳＮＳのＡＩはそう判断しません。

あれもこれもと手を出すと、ＡＩが分からなくなってしまうんです。さらに視聴者も混乱してしまいます。

あくまで、「ハイボールに溺れたズボラ人間の〝誰でもできる掃除法〟」というコンセプトをブラさずに発信し続けなければいけません。

なぜなら、ニッチな動画（「ハイボールに溺れたズボラ人間の〝誰でもできる掃除法〟に関する内容」）に食いついてくれた人たちのエンゲージメントを伸ばす必要があるからです。

どんなに素晴らしい動画を作っても、見てもらわなくては意味がありません。

路線がずれるということは、ハンバーグを注文したのに肉団子が出てくるようなもの。作り手としては「同じひき肉料理だし……」と思うかもしれませんが、視聴者からすると全くの別物で、望んでいないものになってしまうんです。

ニッチにこだわるのは、このためです。
AIは、口コミだと考えてください。

「あの人の動画って、いつもハイボールを飲みながら掃除をしている。しかも、ズボラな人でもできるテクニックまで分かる」とAIにインプットさせ、広めてもらわければいけないのに、「野球観戦に行きました」「飲食店でお酒も飲んでいます」という情報を与えると、AIはどこに向けてピンを指せばいいのか判断が付かなくなります。

同じフォーマットを繰り返し続けることが重要です。

再生数が伸びてくるまでは、「ニッチ×ニッチ×ニッチ」で導き出した自らのオリジナリティをこすり倒すこと。そのニッチジャンルから関心層を巻き込み、段々と視聴者層を拡げるイメージです。

ですから、最初は結果が出なくても、AI（アルゴリズム）に認識され拡散が起こるまでは、コンセプトやフォーマットをコロコロと変えないで、根気良く続けてください。

第3章　1年で1万人のファンを作るコンセプトの法則

まとめ

法則5　コンセプトは、一言

代名詞で呼ばれるようになることが、知名度のファーストステップ。「あの○○」と言われる言葉を探せ。

法則6　AIに推されるまで、ブレるな

AIに「どういうチャンネルなのか」を覚えさせるために、同じフォーマットを繰り返し続ける。

法則1　「共感」「あこがれ」「問題解決」

人の心が動くのは、「共感」「あこがれ」「問題解決」の3つだけ。全てのコンテンツは、ここから考える。

法則2　トレンドを因数分解せよ

「ここ半年で上がっている動画」「登録者に対して3倍以上視聴されている動画」「トレンド、時事ネタ」をリサーチしよう。

法則3　「ニッチ×ニッチ×ニッチ」を見つける

自分が日本一と言えるまで、「ニッチ」を掛け算し続ける。

法則4　「ニーズがある空席」を探せ！

空いているイスが、人気だけどたまたま空いているイスなのか、元々誰も座らないイスなのかを見極める。

第4章

1年で1万人のファンを作るコンテンツの法則

コンテンツの法則1

人気と認知を拡大する「8：2の法則」

ハブコンテンツとコアコンテンツで考える

第3章までコンセプトの話をしてきましたが、ここからは動画コンテンツの考え方について説明していきます。

グーグルが提唱している3H戦略をご存じの方もいらっしゃるかもしれませんが、僕がコンテンツを考えるときに重要視しているのは「8：2の法則」です。

チャンネルを運営する際に、ハブコンテンツが8割、コアコンテンツが2割を意識する

と人気を拡大しやすいです。

ハブコンテンツは、いわばバズを狙った認知度を獲得するための動画。 視聴者が流入しやすい、トレンドに乗った動画やコラボ企画を指します。

通常のペルソナよりも少し広い視聴者層を意識し、いわゆる関連動画として表示されやすい内容にするのです。

コアコンテンツは、本当に言いたいことを伝える動画です。

ファンを広げるためのハブコンテンツと、ファンに自分のことを深く知ってもらうコアコンテンツ、とイメージすると分かりやすいかもしれません。

たとえば、僕らのＴｉｋＴｏｋアカウント「メンヘラ秘書」は採用目的で運用しているのですが、動画の内の８割は、会社の雰囲気が分かるような楽しいテイストの動画にしています。これがハブコンテンツです。

トレンドに乗っかったり、仕事の風景の「あるある」ネタを織り交ぜたりすることで、「共感」が生まれるようにしています。

残りの2割は、「採用募集中です！」や「新卒募集開始しました！」という会社の情報を発信しています。これがコアコンテンツになります。

コンセプトがブレないようにする

ハブコンテンツで注意したいのが、繰り返し伝えているように、視聴者ファーストの目線を忘れてはいけないということです。

見に来ている視聴者が、何を求めてその動画を見ているか（楽しんでいるか）から外れないこと。

僕らがＴｉｋＴｏｋで投稿しているいたずら動画で言えば、視聴者は「どっきりをかけられる社長」「和気あいあいとした社長と社員の距離感」を楽しみにしています。

ですから、同じドッキリをやるにしても場所を変えて異国のタイでやるなど、コンテンツのうま味が変わらないように〝継ぎ足し〟をしています。

やっていること自体は変わらないけど、見ている人にとっては新鮮に映るような動画を作ることがポイントです。

中田敦彦さんのYouTubeチャンネルなどもそうです。

意識高い系の視聴者が見ているわけですから、その人たちが好みそうな題材に徹しています。教育系だからといって、子どもに向けた動画などを作ることはありません。

ターゲットが求めているものを見誤らないあたりは、さすがプロだなと感心してしまいます。

日頃楽しんでいる視聴者が、「何これ?」「え? 変わった?」となってしまうような動画は作らないようにしてください。

たとえば、「お手軽だけど、虫歯にならないお口のケア」をコンセプトにしている歯医者さんが「激辛」というトレンドに乗って、辛いラーメンを食べる動画を作るとします。

もちろん食事のシーンは撮るんですけど、食べるシーンで終わるとコンセプトがブレてしまいます。

そこで、動画のラストに「辛いものを食べた後にはどういうケアをすればいいのか?」

について話すようにするのです。

つまり、新しい要素を入れながら、コンセプト自体は変えないようにする。

動画は日常に溶け込ませるような感覚で作らないといけません。「また見よう」「次も見よう」と思わせられるかどうかがポイント。美味しさよりも、また来たくなる味を提供するのです。

先ほど僕は、自分たちのＴｉｋＴｏｋの投稿が採用目的だと話しました。なぜ、あえて２割程度にしているのかというと、あまりにＰＲ色が強くなると煙たがられて見られなくなってしまうからです。

企業によっては、その動画が「採用のため」、あるいは「自社の商材を広めたい」ことがコアコンテンツになると思います。

仮に、焼き肉店がＰＲを目的としたＴｉｋＴｏｋを始めるとして、ＰＲ色の強い投稿、たとえば「この肉は美味しい」とか「低価格で最高」といった内容が全体の８割も占めていたら、みなさんは見る気をなくしてしまうと思います。

そうした点も加味して、本来の目的であるコアコンテンツは2割が理想的なのです。

そのお店に興味を持ってもらうための動画は、必ずしもPR色がなくても打ち出せるはずです。

たとえば、「焼肉、1000回噛むとどうなる？」と題して、バカみたいにカメラの前でずっとカウントしながら焼き肉を噛んでみるハブコンテンツを作る。実際自分ではやったことないし、1000回噛んだらどうなるのか気になりますよね？

焼肉というコンテンツをいかした面白系の動画を呼び水にして、「この店、面白いな」「この店、気になるな」と親近感を抱いてもらうこともできます。

そして、別の動画で1000回噛むつもりが柔らかすぎて2回噛んだら溶けてしまった動画を混ぜていけば、面白がってもくれるし、「そんなに柔らかいんだ。食べてみたい」と結果的にPRにもつながります。

コンテンツの法則2

ヒーローコンテンツを見つけ出せ

バズる動画は、突然に

ハブコンテンツ8割、コアコンテンツ2割というバランスで動画を作り続けていくと、大きくバズる動画が生まれます。

それが「ヒーローコンテンツ」です。

ヒーローコンテンツが登場したら、これが知名度を上げる絶好のチャンスです。

とにかくヒーローコンテンツをこすり続けてください。

たとえば1万人のフォロワーがいるアカウントで、突然10万再生以上の動画が生まれると、おすすめにたくさん表示されます。

「確変」状態のコンテンツは、誰かに真似されやすいため、再びトレンドになる傾向が強い。**言うなれば、スーパーマリオで言うところのスター状態。向かうところ敵なしです。**

ヒーローコンテンツの分かりやすい例がテレビのコンテンツにあります。

それが、ほいけんたさんの「カラダぐぅ〜」です。

『千鳥の鬼レンチャン』（フジテレビ）に登場した際、ほいさんはT.M.Revolutionさんの『HIGH PRESSURE』のサビ部分、「カラダが〜夏になる」の「カラダが〜」を独特な歌唱法で「カラダぐぅ〜」と歌いあげました。

そのフレーズとともに、ほいさんは大ブレイクし、自身のSNSで「カラダぐぅ〜」をこすり倒すだけでなく、「カラダぐぅ〜」を切り抜いた動画があちこちで作られ、その数はなんと100パターン以上にも及んだほどでした。

こすり続けた結果、再び『千鳥の鬼レンチャン』で紹介され、ついには本家である西川貴教さんと共演するまでに上りつめました。

ほいけんたさんは、ものまね芸人さん。言うなれば、コアコンテンツがものまねになります。

しかし、カラオケという趣味があったことで数々のカラオケ番組にも出演するようになります。ハブコンテンツだったカラオケから、ヒーローコンテンツが生まれたということになります。

また、僕たちが手掛けた動画のひとつに、ＹｏｕＴｕｂｅチャンネル『wakatte.TV』の「アホ街ック天国！」という企画があります。

この番組は、全国の受験生・高校生のみなさんに、『絶対にこんな大人になるなよ！』という思いを込めて、あえて日本の学歴社会を皮肉る教育痛快バラエティ番組として、現在、約48万人の方にチャンネル登録をしていただいています。

『wakatte.TV』は、もともと3人の若者がＹｏｕＴｕｂｅで流行っている企画ものに

YouTube・wakatte.tv

https://www.youtube.com/@wakattetv

チャレンジするという、よくある若者のチャンネルとしてスタートしました。

ところが、まったく再生数は伸びず、1人が辞めてしまい、残った2人で何か違うことを模索していました。

残った2人は、京都大学と早稲田大学に入学した経歴を持つ高学歴。

そこで、「日本の学歴社会を皮肉る」というコンセプトを掲げ、『アド街ック天国!』をオマージュした「アホ街ック天国!」というプロデューサーの提案のもと、企画を作るにいたったのです。

しかも、京都大学(中退)の「高田ふーみん」にいたっては、学歴第一主義のブラックキャラクターとして設定。

「アホ街ック天国!」は、その名の通り、街に繰り出しアホを探すという、偏見まみれの番組です。

地上波では、絶対に放送できない内容だと思います(笑)。

たとえば、「水着の面積が狭い人ほど低学歴説」をテーマに、湘南のビーチに繰り出し女性に学歴を聞いていく。

あるいは、街中の人にあなたが登録しているYｏｕＴｕｂｅチャンネルを教えてくださいと質問し、その回答から学歴を予想する……賛否覚悟の企画でしたが、彼らのキャラクターもあって、この企画は瞬く間にヒーローコンテンツへと駆け上がりました。

僕らが手掛けた動画の中で、初めてYｏｕＴｕｂｅの急上昇1位を獲得するなど、『wakatte.TV』は知名度を獲得していきました。

ヒーロー化した際は、変にアレンジをせず、同じ路線でこすり続けてください。

ヒーローコンテンツが登場したら、ひたすら波に乗り続ける。

これが知名度を大きく上げることにつながります。

コンテンツの法則3

一度流行ったものは、また必ず流行る

過去のヒット作を甦らせる！

「アイデアを出しなさい」と言われても、すんなりと思いつく人は少ないかもしれません。**なかなかアイデアが思いつかないという人は、過去に流行ったものを参考にすることも有効な手段です。**

かつて流行ったものが、再び流行るケースは珍しくありません。僕らが手掛けている『令和の虎』もリバイバルですし、ケンカ自慢が集って戦う『ブレイキングダウン』も、某番組の人気コーナーのオマージュではないかと思います。

コンテンツの中身はさほど変えずに、演出や見せ方を現代に合わせることで、令和のコンテンツとして提供するんです。

ゼロから新しいものを作ることだけが、アイデアとは限りません。流行っていたコンテンツは、再び人気を集める可能性が高いので、企画のヒントになります。

たとえば、メントスコーラやスライム風呂が一周回って、リバイバルで流行る可能性だってあるわけです。あのときメントスコーラを見て笑っていた世代は、大学生や社会人になっています。

ということは、いまの10代はメントスコーラを知りません。体験した層が入れ替わるときこそ、リバイバルのチャンス到来だと思います。

また、いま流行っているものに乗っかるということも、認知拡大の動画を作る上では重要な視点です。

はっきり言ってしまえば、**「パクる」**ことは大事だということです。

みんなが集まっているところに、自分の動画を当てにいかないのはもったいないと思いませんか？

一時、「激辛ペヤングを食べてみた」といった動画が流行りました。流行っているものは再生数が多いため、ＡＩが「流行っているもの」としておすすめに表示する可能性も高まります。そのため、「また激辛？」と思うほど、やたらと「激辛ペヤングを食べてみた」を目にする機会が増えました。

まったく同じことをすることに抵抗を覚える人もいるかもしれませんが、**真似できるものは真似して、変なアレンジをしないことがポイントです。**

激辛焼きそばは、食べた人の「ひ〜！　辛い！辛い！」といったリアクションがウケて人気に火がついたんだと思います。

ここを理解せずに自己流でアレンジすると「激辛焼きそばが流行っているから、自分はカップ焼きそばを食べよう」という全く面白味のない動画を作ってしまうかもしれません。

アレンジするなら、「なぜこれが流行しているか」を理解してからです。

激辛焼きそばの例で言えば、同じようなリアクションができる「スンドゥブを食べるのはありかな？」といったように転用できるようになります。

もし、なぜ流行っているのかが分かっていなければ、〝きちんと〟パクりましょう。カメラの撮り方、画角、状況など細かい部分まで、真似した方がおすすめに表示されやすくなります。

TTP（徹底的にパクる）です。

一方で、流行りものは必ず廃れます。

かつて有吉弘行さんが、「**ブレイクするっていうのはバカに見つかること**」と指摘していましたが、自身が猿岩石としてブレイクした経験を持つだけに、とても説得力のある言葉ではないでしょうか。

動画も同じです。みんなが同じことをする状況は、ブレイクしてしまった状況です。多くの人が真似をすればするほど消費されていくスピードは上がりますから、流行っているものはすぐに乗って、適度なタイミングで降りるのが正解です。

では、どのタイミングで降りるべきか？

個人的な見解で言うなら、地上波のタレントさんがＳＮＳ上で真似し始めたら、もう降りるタイミングかなと考えます。

最近では「ひき肉でぇーす」などが顕著ですが、タレントさんが真似したことで、より多くの人が真似するようになります。

消費される速度は加速度的に上昇し、動画としても「またこれか」と飽和状態になってしまうため、目立つどころか埋もれてしまいます。

乗っかれるものは乗っかった方がいい。

ですが、賞味期限が切れる前に降りないと一緒に流れてしまいますから、そのタイミングだけは間違えないようにしてください。

コンテンツの法則4

人気者の弱点を探せ！「コバンザメ作戦」

人気コンテンツに隠れた「不満」を探せ

知名度を上げていくとき、人気コンテンツの弱点を探すと新しい企画につながることがあります。

会員制量販店「コストコ」の商品を専門に扱う再販店が人気を呼んでいることを知っていますか？

「コストコ」は、ホールセールクラブ（会員制倉庫型卸売・小売）の人気チェーンです。そのため、一つひとつの商品が卸売サイズなので1人や2人ではとてもじゃないけれど食べきれない量です。おまけに、コストコは年会費を払った会員でなければ利用できないのです。

しかし、「コストコの商品がほしい」というニーズは数多く存在します。

そこで、再販店は、会員でなくとも、コストコの商品を小分けに購入することができるというビジネスを展開しました。

その再販店が人気を集めているというわけです。

なぜ売れるのか？

コストコという抜群の知名度を利用したコバンザメのようですが、**忘れてはいけないのは、コストコ利用者の不満を解消している点です。**

これは動画にも応用できます。

人気のコンテンツが解消できていない問題はないか？　その問題解決をすることで新た

な動画にすることはできないかという視点です。

たとえば、「かわいいネイルの塗り方」に関する人気動画があったとします。ただ、本人が机に座って説明している動画なので、視聴者からすると「もっと近い距離でネイルが見たい」という不満があるかもしれません。

そこで、同じようなかわいいネイルの塗り方というテーマで、もっとカメラを寄せた動画を作るのです。

これから知名度を上げる場合は、コストコの再販店のように「**乗っかる**」という考え方も取り入れてみましょう。

人のふんどしで相撲を取るという慣用句がありますが、人の知名度で相撲を取ることもできる。知名度があるものにコバンザメ作戦で乗っかれば、関連動画として表示されやすくなります。

コンテンツの法則5

アイデアは必ず3人に聞く

企画は1人で考えるな

僕は、『令和の虎』の志願者に、よく聞く質問があります。

それは**「誰かに相談したか?」**です。すると、ほとんどの志願者が「していません」と言います。でも、ここぞ!　という勝負に出るのですから、たくさんの人に意見を聞いてブラッシュアップした方がいいと思いませんか?

実際、相談していないプレゼンの多くが魅力的ではありません。

他愛もない会話の中で聞くだけでいいんです。相手の反応を見れば、いま自分が考えていることに対する評価が分かります。

実は、僕たちのＴｉｋＴｏｋもそうした意見を参考に考えたものでした。

僕の会社の新卒説明会では、実際の仕事がどういうものなのかをワークショップ形式で、みんなで体験するということをしています。

そのときのテーマは、「見た目は怖いけど絶対に怒らない社長」と「メンヘラ秘書」をどのように絡ませたら面白くなるか、というものです。

秘書がメンヘラ気質という設定だけは決まっていたので、このキャラクターをいかしてどのように社長と絡ませれば、見ている人がクスッと笑うか――。

参加した就活生からは、「メンヘラの人は裏垢を持っているケースが多いので、裏垢で会社の悪口をめちゃくちゃ言っている」「推し活をするため社長を盗撮したり、ストーカーまがいのことをしたりする」などなど、たくさんの意見が出てきました。その中のひとつに、社長に構ってほしくて、小学生みたいないたずらをするというアイデアがあったんです。

「これいいじゃん!!」

ということで、即採用。いたずらは、「共感」「あこがれ」「問題解決」の中でも特に「共感」になるし、その場にいた全員の反応もよかった。おかげさまで1年足らずで、5万フォロワーを獲得する人気コンテンツになりました。

僕がアイデアを考えるときは、必ずみんなを巻き込むようにしています。

またアイデアを考えるとき、ワイワイガヤガヤとした雰囲気も重要です。人に喜んでもらえるようなコンテンツを考えるのに、しかめっ面で重い空気だと、いいアイデアは浮かびづらいですよね?

座って打ち合わせするより、歩きながら話したり、なんなら飲みながらの方が柔軟な企画会議ができたりします。

あとはいろんなタイプの人を参加させた方が面白いものが出たりします。

サムネイルなどのクリエイティブもA案とB案の2つを作って聞くと、より効果的なアイデアになります。**責任感を持つことと、自分だけで抱え込むことは、イコールではありません。**誰かに相談して、ブラッシュアップしていくことが大切です。

コンテンツの法則6

企画にいかせる、行動心理学5選

再現性を高めるため、心理学を活用する

動画のアイデアを考えるとき、僕は心理的なテクニックを活用することがあります。再現性を高めるという意味で、心理学をいくつか知っておくと非常に役立ちます。

たとえば、第2章で触れた「ネガティビティ・バイアス」のように、人間はネガティブなものに目がいってしまうという本能が備わっています。

鉄のようなメンタルを持たない限り、本能に逆らえる人間なんていません。

知名度を上げるために必要なことは、視聴者の理解です。

視聴者がどうしてその動画を見たくなったのか、どうしてクリックしてアクセスしてくれたのかを理解しなければいけません。

感情によって人は視聴し、ファンになるわけですから、分析（アナリティクス）は人の感情の集合体と言ってもいいかもしれません。

僕は常々「**マーケティングは統計学だ**」と言っています。

人がどう動くのか、確率論を取り入れることも、知名度を上げていくテクニックとしては重要です。

では、どんなテクニックがあるのか？　実際に僕らは、次のような心理を意識しています。

①カリギュラ効果

人間は不思議な生き物で、**「〇〇をしてはいけない」**と釘を刺されると、かえって気になって、「〇〇をしたい」と思ってしまう性質があります。このように、**禁止されるほどやってみたくなる心理現象のことを「カリギュラ効果」と言います。**

民話『鶴の恩返し』では、助けた鶴が人の姿となって恩返しをしに来る際、「布を織っている間は、決して部屋をのぞかないでください」と話す一幕があります。

しかし、その言葉が気になってしまったおじいさんは、部屋をのぞいてしまう……これこそまさに、カリギュラ効果の典型例です。僕たちのアカウントでも社長に「絶対にしてはいけないこと」を秘書がやるから面白いのです。

動画のサムネイルでも、「モテたいなら〇〇してください」より「〇〇するとモテなくなります」といったタイトルの方が興味関心を引きやすくなります。

動画のサムネイルやタイトルでは、「閲覧禁止」や「〜な人は見ないでください」というワードも活用してみてください。

②アンダードッグ効果

アンダードッグとは、日本語で「負け犬」を表します。

そこから、**劣勢または不利な立場の側を応援したくなる心理現象**を指すのですが、「共感」を生み出す手法としても効果的です。

「無職」や「ぼっち」といったネガティブなフレーズを打ち出しているアカウントが人気という話をしましたが、そういったネガティブ要素を見せることで、視聴者の「分かる」「大変だよね」といった共感を生むものです。

これは、弱い立場を応援したくなるアンダードッグ効果を応用した手法とも言え、とりわけ日本では効果的なテクニックです。

動画は、「ありのまま」のリアルを伝えるのに適しています。「困っている姿」や「情けない姿」をそのまま切り取ることで、多くの人から同情か共感といった支持を得る。

コンプレックスや短所は武器になると言いましたが、アンダードッグな姿が人気を生むのです。

③ハロー効果

ハロー効果とは、**人やモノに目立つ特徴があると、その特徴に全体のイメージも引きずられてしまう現象**を指します。

ずば抜けていいところがあると、ダメな部分も含めて全体がよく見えてしまうのです。

たとえば、いつも遅刻ばかりして「だらしない人」と思われている人がいるとします。あるとき、その人にめちゃくちゃ絵が上手いというクリエイティブな才能があると分かった。そうすると、「だらしない人」という評価が「クリエイティブだから仕方がない」というように認識が変わってしまうのです。

対象の持つ目立った特徴に引きずられることで、ほかの特徴の評価もゆがめられてしまうため、ハロー効果は悪い方にも転びます。

どんなにイケメンだったとしても清潔感がなければ、「イケメン」という良いイメージよりも、「不潔」という良くないイメージが先行し、その人の全体的な評価まで変えてしまうのです。

先の良い方向に転ぶハロー効果を「**ポジティブ・ハロー効果**」と呼び、後者を「**ネガティブ・ハロー効果**」と呼びます。

僕たち人間は、誰かを評価したり、判断したりするとき、そうしたバイアスがかかっている可能性があるということです。

ハローとは「後光がさす」という言葉の「後光」を意味します。後光がさすことで、僕たちは勝手なイメージや印象を持ってしまうんです。

僕が「ニッチ×ニッチ×ニッチ」を重要視しているのも、ハロー効果があるからです。弱みを改善するよりも、強みを尖らせた方が知名度を上げるために有効です。あなたがキャラクターを作り込む場合は、中途半端なキャラ設定にするのではなく、ハロー効果を使って、どう一点突破できるかを考えてください。

④返報性

相手の態度に対して、**自分も同様の態度で相手に返したくなる「返報性」と呼ばれる心理**があります。

好意、敵意、譲歩、自己開示などいくつかの返報性があるのですが、ポジティブにもネガティブにも作用することが返報性の特徴です。

誰かに何かをしてもらったとき、自分も何かお返しをしなければと思ってしまうことが、みなさんにもあると思います。

お店で親切にされると、ついつい思わず何かを買わないといけないような気になってしまうのは、まさに返報性の効果です。

動画を始めた当初は、ファンになってくれる人の数は少数です。そして、その数少ない人が連続視聴をしてくれることが、次のステージに行く上で欠かせません。

もしコメントをくれるようなことがあれば、たった一言「ありがとうございます」でも構わないのでレスポンスをすると、コメントを寄せた視聴者は返報性に則って、またあなたの動画を見てくれる可能性が高まります。

優しさや励ましの言葉も好意表現のひとつです。

親切なことをしてもらうと、その分、自分も親切なことをしてあげたいと思いますよね？

親しみを持ってもらうためには、視聴者を意識したそうした掛け合いも大切です。

たびたび「視聴者さんのおすすめがあったら教えてください」と呼びかけ、その声に反応して動画内で紹介することなども、返報性を意識したファン作りの導線だと言えます。

ちなみに、視聴者にコメントを返すのは、当日よりも翌日の方が効果的です。

コメントをもらった日に返信してしまうと、その当日に見に来るので、来訪者が「1」しかカウントされません。

ただ、翌日に返すと見に来るのが翌日になるため、2日分になり「2」とカウントされるんです。テクニック的なことですが、知っておいて損はありません。

返報性は、ネガティブにも作用すると前述しました。嫌なコメントがあったからといって、むきになって反論するのは時間と感情の無駄です。「目には目を、歯には歯を」で応答することは、百害あって一利なし。

自分に良い作用が返ってくるように、キャッチボールをしてください。

⑤バンドワゴン効果

バンドワゴン効果は、**多くの人に支持されているものは、さらに多くの支持を集めやすいということ**を指します。

バンドワゴンとは、行列先頭に居る楽隊車のことで、そこに人が殺到していれば、「なんだろう?」と気になり、さらに人が集まることから名づけられました。

本書でたびたび、流行っているものに乗っかった方がいいと説明したのは、このバンドワゴン効果が期待できるということもあります。

流行っているもの、多くの人が支持しているものというのは、それだけ人気がある状態です。裏を返せば、ハズレを引く可能性が低いということです。

現代社会では、すきま時間を奪い合うように、ありとあらゆるコンテンツや情報がひしめいています。

時間は有限ですから、何かをするにしても、できる限りハズレを引きたくはありませんよね。

そのため、外食をする場合、多くの人が口コミサイトやSNSなどを検索して、情報収集してから訪問するわけです。

その際、投稿数などが多いことは一定の安心感につながります。こうした心理も、多数の人が選択している状況に追従してしまうバンドワゴン効果によるものです。

人気があるということは、ハズレを引く可能性が低いということ。安心感につながると思う人が多数いるため、人気があるものや流行りものには乗っかった方がいいでしょう。

コンテンツの法則7

文字にできない情報こそ、武器になる

採用したい会社に、ＴｉｋＴｏｋをすすめる理由

ここでひとつ、実際に僕らがお手伝いしている動画では、どのようにコンテンツを考えるのか？　実例を話したいと思います。

千葉県・神奈川県・埼玉県など日本全国を飛びまわり、足場仮設・ＰＣ工事・鉄骨建方を行う、とび・土工事業の起《おき》工業という会社があります。

僕たちは、起工業の採用を動画を使ってお手伝いをしています。

建設業は、「キツそう」「危なそう」「先輩が怖そう」などのネガティブイメージもあり、慢性的な人手不足に悩まされています。


そこで、SNSを利用して採用をうながしたいと、僕たちに依頼がありました。

起工業では、それまで月数十万円を採用費用に投じていたそうです。それほどのコストをかけても、月に3人採用できるときもあれば、3カ月間応募がないときもあり、月平均で1人採用できればいいという状況でした。

それがSNSでの施策を始めてから、毎月コンスタントに5~10人のエントリーがあり、応募者の半分は入社してくれるようになったそうです。


では、どのような動画をアップしたのか？

その説明をする前に、なぜ僕たちはTikTokを選んだのか、説明します。

実は就活をしている23年卒業予定の学生100名を対象に、「Z世代の就活生のTikTok活用実態」に関する調査（22年）をしたところ、とても興味深い結果が明らかになりました。

まず、「あなたは普段ＴｉｋＴｏｋをどのくらい見ますか」という質問に対して、「1日1時間未満」が35・0％、「1日1時間以上」が29・0％ということが分かりました。

・1日1時間未満：35・0％
・1日1時間以上：29・0％
・1日3時間以上：14・0％
・1日5時間以上：4・0％
・週に2、3回程度：14・0％
・週に1回程度：3・0％
・その他：1・0％

驚くべきは、次の「あなたはＴｉｋＴｏｋで企業の動画を見たことがありますか」という質問に対する回答です。なんと、「はい」が81・0％に上ることが判明したのです。

そして、企業動画を見たと答えた内の80・2％が、「企業に興味を持ったことがある」と

PRTIMES　Z世代の就活生の80.2％が、「TikTok」がきっかけで企業に興味を持った経験あり　そのうち66.2％は、実際にエントリーも
https://prtimes.jp/main/html/rd/p/000000005.000076476.html

答えています。その理由は、

・企業イメージが掴めたため：58・5％
・企業の世界観が掴めたため：41・5％
・簡潔に企業の魅力がわかったため：36・9％
・短い動画で最後まで視聴できたため：35・4％
・働いている様子が動画でわかりやすいため：27・7％
・企業の採用情報が載っていたため：18・5％
・その他：1・5％
・特にない：1・5％

というように、「興味を持つ」といっても、学生たちはさまざまな動機から興味を抱くようになったことが分かりました。

さらには、企業に興味を抱いたことで、実際に66・2％の学生がエントリーしたことも明らかになっています。

「お気に入りの企業のＴｉｋＴｏｋアカウントがあったら、フォローして動画を視聴したい」と回答した学生が86・０％に上っていることからも分かるように、ＴｉｋＴｏｋが採用における大きなツールになっていることは一目瞭然です。

また、ＴｉｋＴｏｋを活用した採用活動を行う人事担当者111名を対象に、ＴｉｋＴｏｋ採用に関する実態調査をしたところ、「応募人数が増えた」が72・４％、「面接通過率が向上した」が35・７％、「認知が拡大した」が30・６％という回答も得られました。

動画は、文字では分かりづらいことを伝えられます。

求人媒体の文字や写真だけではなく、企業が持つ雰囲気や働いている人の様子を動画で〝見える化〟させることで不安を払拭させることにもつながります。

最近では、就職したいと思う企業のリサーチ方法として、ＳＮＳでの企業検索が増えており、就活生を意識したＳＮＳ運用を実施している企業も増えています。

PRTIMES　TikTok採用開始から、約半数が3ヶ月以内で「求人広告の運用時よりもコストが下がった」と回答
https://prtimes.jp/main/html/rd/p/000000008.000076476.html

先のアンケートを見ても分かるように、動画を入り口にして興味を持つ人はたくさんいます。とりわけZ世代の認知や支持を集めるためには、これからの時代、動画、特にTikTokというツールが最適だと思います。

このような背景から、起工業では、TikTokでの施策を始めました。

コンテンツの法則8

「いまは興味がない人」に気づきを与える

人手不足の会社に応募を殺到させた動画とは？

起工業の求人件数は、ＴｉｋＴｏｋを有効利用することで大幅に改善されました。月々の求人メディアへの採用広告出稿費は多額のコストが生じますが、ＴｉｋＴｏｋなら広告宣伝費をかけずに、ターゲット層に訴求ができます。

人気を集めるために意識したのは、先のアンケートからも分かるように、求職者が起工業の現場の雰囲気が分かるような作りにすることです。

応募者にとって、これから働く現場や従業員の雰囲気が分かるか分からないかは、とても大切です。「想像していた雰囲気と違う」となれば齟齬《そご》が生じ、離職につながりかねません。

それでは元も子もありません。そのため、福利厚生面を含めて、起工業がどのような会社なのかを伝えるべきだと判断し、**僕たちは「未経験者」をハブコンテンツに「経験者」をコアコンテンツと分けて動画を企画しました。**

「とびになりたい」という明確な目的がある層と、まだ「無関心な人たち」とでは、それぞれ知りたい部分が違います。

それだったら、それぞれを分けてコンテンツを作った方がより早く人気を獲得できると考えたのです。

動画を見ている中で、「とびになりたい」と思っている人が100人しかいなければ、その動画は100人にしか刺さりません。

では、それ以外の「無関心な人」に動画を見てもらうにはどうすればいいか。

とびは、高いところで仕事をします。その「高いところが好き」な人は全国に1万人以上いるかもしれない。

そこで「高いところが好き」という人をペルソナに設定して、その人たちに刺さるコンテンツを作ればいいのではないかと考えたのです。

経験者に向けて、とび業界の「あるある」ネタを仕込みつつ、「それ分かる！」と共感できるような動画を制作。

逆にどんな仕事なのかが分からない未経験者に向けて、「こんなに高い場所で働いています」といった初歩的な情報ととび職人のすごさを伝える動画を作ることにしました。

たとえば、「高いところが好きなら、それは立派な才能だ」ということが分かるような動画です。

そういった**気づきを与える**ような導線を作ることで、未経験者は「もしかしたら私は向いているかも」と興味や関心を示すわけです。

すでに知っている／好きな層だけに当てるのではなく、その商品やサービスに興味がある／好きかもしれない層に当てていくことがポイントです。

また、社員の方たちにも積極的に動画に参加してもらっています。それは、先ほどの**「会社の雰囲気」**を知ってほしいのと**「働いている人の顔が見える」**ようにしたいからです。いま、若い応募者はこの２つを重要視しているんです。

その上で、「寮があり上京支援もしている」という福利厚生面も大きなフックになります。決められた寮ではなく、自分で選んだ家を寮にできて上京支援もしてもらえるという情報が分かれば、上京して働きたい人にとっては、とても魅力的に映ります。さらに社員なら誰でも無料で使えるスポーツジムがあります、と最後の一押しもしています。

「我々の会社はこうです！」と求人広告を出しても情報の届く範囲は限られますが、動画は工夫次第で幅広い層に届けられるわけです。

いろいろな層にリーチすることができれば、その分人気も生まれやすく、知名度が向上する確率はかなり上がります。

即戦力の人材がほしいケースと、長く自社の人材として活躍してもらいたいケースでは、本来、訴求方法が異なります。

いまは異なる動機を持つ人たちをピンポイントで狙い撃ちできます。出口が違えば、当然見せ方も変わります。

しかも、コストは広告ほどかかりません。**たくさんの人に見られれば動画は雪だるま式に再生されていき、より多くの人にリーチできます。**僕たちは、起工業の動画をＴｉｋＴｏｋだけでなく、インスタグラムとＹｏｕＴｕｂｅにもアップしています。

そのため、建設業としては異例と言えるほど、若い世代からの問い合わせも増えました。

実は、問い合わせにもＳＮＳならではの仕掛けをしました。ダイレクトメッセージで応募できるようにしたんです。

求人広告のほとんどは、「電話先へお問い合わせください」と付記するのが一般的だと思います。

しかし、求人の電話がかかってきても、所用で席を外していたりすると電話を取ることができません。小さなことで、ものすごく優秀な人材を取り逃してしまう可能性だってあるわけです。

しかし、ＳＮＳはＤＭで、希望者がいつでも好きなときに連絡できるし、気軽に相談することもできます。

採用担当者も、自分の好きなタイミングでレスポンスを返すことができます。こうしたアクセス性もＳＮＳならではと言えます。

では、次章からいよいよ実際の動画制作について話していきます。

まとめ

法則5　アイデアは必ず3人に聞く

アイデアを考えるときは、絶対に1人ではなく、必ず誰かを巻き込むようにする。

法則6　企画にいかせる、行動心理学5選

カリギュラ効果、アンダードッグ効果、ハロー効果、返報性、バンドワゴン効果から、動画のコンテンツや施策を考えてみる。

法則7　文字にできない情報こそ、武器になる

動画で企業に興味を持った学生は80%超。
採用に困っているならTikTokがおすすめ。

法則8　「いまは興味がない人」に気付きを与える

すでに知っている層だけでなく、その商品やサービスを好きかもしれない人たちに届ける。

法則1　人気と認知を拡大する「8：2の法則」

ハブコンテンツは、いわばバズを狙った認知度を獲得するための動画。コアコンテンツは、言いたいことを伝える動画。この2つで動画企画は考えよう。

法則2　ヒーローコンテンツを見つけ出せ

知名度を上げる絶好のチャンス。言うなれば、スーパーマリオで言うところのスター状態。ヒーローコンテンツを使い倒そう！

法則3　一度流行ったものは、また必ず流行る

なかなかアイデアが思いつかないときは、過去に流行ったものにヒントを探してみよう。

法則4　人気者の弱点を探せ！「コバンザメ作戦」

人気のコンテンツが解消できていない問題はないか？　その問題解決をすることで新たな動画にすることはできないか？　を考える。

第5章

1年で1万人のファンを作る動画の法則

動画の法則1

ショート動画を使いこなせ

ショート動画の衝撃

ここまで、チャンネルのコンセプト、動画のコンテンツについて話してきました。本章からは、より実践的にチャンネルを運用していく方法を伝授します。

知名度を上げるために重要なのは、

「ショート動画を使いこなす」ことです。

認知拡大するには、ショート動画がめちゃくちゃ有効なんです。ショート動画で認知を獲得し、本当に伝えたいことは長尺動画を見てもらってファンをコア化させる。

現在のＹｏｕＴｕｂｅマーケティングは、こうした動線作りを推奨しています。ショート動画は、長尺の動画ＳＮＳと拡散されるアルゴリズムが違います。いままでのＹｏｕＴｕｂｅは、累積で評価を受けるのに対して、ショート動画はフォロワー０でもバズる可能性があります。そのため、**知名度を上げたい人の、まさに飛び道具になります。**

評価外のところにも飛んでいくため、まったく意図していない層にタッチできる。この点が、ショート動画の強みです。長尺の動画に比べて、格段に人気を獲得しやすくなります。

ある意味、最強のハブコンテンツになります。

短尺動画で訴求できることは限られますが、ショート動画を作るときは、全く関係ない層が見ても「分かる」「あるある」といった感情を抱かせるようなテイストを入れると効果的です。

たまに「ショート動画は短いから作るのが簡単だ」と思っている人がいますが、それは全く違います。

ショート動画は、視聴者が自分で探したものではなく、ＡＩにオススメされたものを無意識に見る見ないをジャッジしていくもの。

だから、最初の「**2秒**」が勝負です。

ショート動画を見ている視聴者は、世界一のせっかち者です。

最初の２秒で、そのせっかち者たちの興味を惹けなければ、続きなんて見てもらえません。最初の２秒を乗り越えたとしても、次の「２秒」でもジャッジされています。

常に緊迫した接戦が続くのです。視聴維持率を保つために、配信側は１秒たりとも気が抜けないんです。

ショート動画は1本60秒の動画ではなく、2秒の動画が30本繋がっているものだと意識して制作に挑んでください。

『令和の虎』はショート動画で若い人にも広がった

実は、『令和の虎』が若い世代に浸透していった背景も、ショート動画を有効活用したからです。

『令和の虎』は、1本30分以上の長尺動画。

初期の頃はメイン視聴者が30～50代でしたが、ショート動画の切り抜きがきっかけで若い世代の流入が増え、一気にブレイクしました。ショート動画で興味を覚えた人たちが長尺動画に流入し、ファンになっていったという構造です。

みなさんも、知名度を上げるためにショート動画を使いこなしてください。

動画の法則2

アルゴリズムを味方につける

クリック率×視聴者維持率×総再生時間

ハブコンテンツは、ショート動画で伸ばすのが有効だという話をしました。

ショート動画で認知を拡大し、そこから顧客教育をしていくにはYouTubeの仕組みを理解しておいた方がよいです。

まず、動画の再生数を上げるために、「**インプレッション**」の数を増やす必要があります。

インプレッションとは、動画が公開されたあとにサムネイルが視聴者に表示された合計回数を指します。要は、露出した数（YouTubeからオススメしてもらえた数）のことです。

自分でチャンネルを持つと、アナリティクスを使って、さまざまなデータが見えるようになります。

インプレッション（以後　インプ）の数が増えるということは、「YouTubeにオススメしてもらえている＝AIにどういう動画で、どういう層に露出したらいいかを認知された」ということです。

インプが増えると再生数も増えていくのですが、では、どうしたらその数字が増えるのか？　インプを増やすために、僕らが重要視している数値があります。それが、

「クリック率」「視聴者維持率」「総再生時間」の3つです。

まず**クリック率**から話していきます。

まずは、動画公開後48時間のクリック率で分析します。

動画を公開してから48時間は、クリック率10%以上を目指してください。

ここの数字がよくないということは、サムネイルやタイトルで視聴者の興味を惹けていないという判断になります。

第3章で、動画をアップするとまず最初にチャンネル登録をしてくれている人たちにインプされ、そこのエンゲージメント率が高いと波紋状に広がっていくと説明しました。

僕らが48時間にこだわるのは、この「**48時間以内**」のエンゲージメントによって、YouTubeのAIがその後拡散してくれるかどうかが決まるからです。

つまり、自分たちのフォロワーが、「その動画にどれだけ興味を持ったか」をAIが48時間かけて判断しているということです。

48時間以内にフォロワーのクリック率が10%を超えると、クリックしてくれたフォロワーと似た属性の人たちに拡散されやすくなり、さらに似た属性の人たちの評価が高ければ、どんどん広がっていくということです。

最終的なクリック率の目安は

・伸び悩む動画＝2～3％
・悪くない動画＝4～6％
・伸びる動画＝8％以上

となります。

また、**視聴者維持率**もAIからの評価にはとても重要な数字になります。視聴者維持率は、クリックして視聴してくれた人たちが、何分（％）動画を見続けたのかを示す数値です。

なぜ、視聴者維持率が重要なのか？
それは、この数字が高いとAIは有益な動画だと判断してくれるからです。簡単に言うと、「**長く動画が見られている＝視聴者を飽きさせず、満足感の高い動画＝拡散に値する動画**」ということです。

そのためテロップに動きをつけたり、画角のカット割りを増やしたり、ＢＧＭや効果音で気を引いたりと視聴者を動画から離脱させないための工夫も必要になります。

ちなみに、動画に多くのコメントが入るとそれを読んでいる間に視聴者維持率が上がるので、コメントをしてもらえるような施策を考えるのもテクニックのひとつです。

その辺りは、伸びている動画が「どういうテクニックを使っているか」をしっかりと研究して、参考にしてください。

そして、動画は「最後まで見てもらえないものだ」ということを頭に入れておいて下さい。

あなたが、ＹｏｕＴｕｂｅを見ている時、最後まで動画を見ることはありますか？

オススメに表示された他の動画が気になってサムネイルをクリックしてしまった経験はないですか？

これが前に出たインプとクリック率に関わってくるのですが、いまは視聴者維持率の話なので戻します。

僕たちは維持率は50％以上を目安にしています。

また視聴者維持率はどれくらい見てもらえたかが分かると同時に、どこで離脱されたかが分かる数字とも言えます。

離脱されたポイントを確認し、なぜ離脱がおこってしまうのかの仮説を立て、次回以降の動画に反映させることで改善していきます。

失敗から学ぶことはたくさんありますので、めげずに試行錯誤してください。

総再生時間もＹｏｕＴｕｂｅのＡＩが拡散してくれるために重要な指標です。

総再生時間を分解すると、「視聴回数×平均視聴時間」になります。この数字を見ると、どれだけあなたのチャンネルに視聴者を引き止められたかを示すスコアが分かります。

総再生時間を伸ばすには、視聴回数か視聴時間のどちらかを改善していく必要があります。

この話をすると、必ず聞かれるのが「動画はどのくらいの長さ（尺《しゃく》）がいいのか？」ということです。

たしかに、長尺の動画の方が、再生時間は長くなる傾向にあります。

同じ内容で長い動画と短い動画を作ると、長い方が平均視聴時間は長くなります。

ただ、動画の尺自体は、自分が投稿するコンテンツとの相性もあるので、一概に「〇分がおすすめ」とは言えません。ドライブ動画をあげる人なら長尺の方がいいでしょうし、簡単にできる料理の動画をあげる人であれば比較的短い時間の方がいいと思います。何でもかんでも、長ければいいわけでもありません。

視聴者のペルソナやコンテンツによって、変えるのがいいと思います。

ここまで「クリック率」「視聴者維持率」「総再生時間」について説明しました。

あなたがアップした動画はインプされて、クリックされて初めて見てもらえます。その視聴者維持率が高いと、総再生時間が溜まって、またインプが増える。

このサイクルをいかして、自分の知名度を高めてください。

動画の法則3

最初の「3カ月」で全てが決まる

最初の動画で、自己紹介してはいけない

もっとも拡散されやすい動画は、何か知ってますか？

答えは、「**最初にアップする動画**」なんです。YouTubeの場合、初めてアップする動画は、もっとも拡散されやすいという性質を持っています。

なぜなら初めてアップするわけですから、AIはその動画が需要があるか不人気か判別

できません。もっともフラットな状態なわけですから、ＡＩはその動画の属性だけで判別します。

初めてアップした動画が料理系だとしたら、料理系の動画を探している誰かのおすすめとして登場する可能性があります。

本来であれば反応（エンゲージメント）がよい層にインプされていくのですが、初回に限っては全くデータがない。

そのため、年齢層や性別に関係なく表示されるボーナスチャンスが与えられているわけです。

ですから、最初の動画で自己紹介をしてしまうと、**もったいない**ということです。

せっかく面白いニッチなチャンネルだとしたら、**最初に出すべき動画こそ、そのチャンネルのペルソナが喜ぶような「私はこのジャンル（企画）で勝負するんだ」というコンテンツにしましょう。**

また、初めて動画をあげる際に気をつけてほしいことがあります。

仮にあなたが、月に10本の動画をあげるとします。

普通であれば、3日に1本ずつ定期的にアップしていけばいいと思いますよね？

しかし、ボーナスチャンスを考慮した上でスタートダッシュを仕掛けるなら、3日に1本ペースで10本上げるよりも、**10本を事前に用意しておいて、毎日連続でアップした方が効果的です。**

なぜかと言うと、ＹｏｕＴｕｂｅのＡＩが、アルゴリズムや属性を判断するスピードが増すことで、自分が想定している層にリーチしやすくなるからです。

3日に1度しか動画が上がらなければ、たとえその動画が気に入られても、次回作を見てもらえるのは2～3日後です。

そうではなく、仮に、月初からスタートするなら上げたい気持ちをグッと堪えて、その月の20日から10日間連続で更新してください。連続視聴が可能な状況を作れば、スタートから視聴者がファンになりやすく、その分クリック率も増えるという構造を作り出すことができます。

ただし、数字を意識するあまり自分を見失うケースも少なくありません。

世の中にはたくさんの情報があふれています。周りから入手した情報で頭でっかちになり、アナリティクスばかり眺めて振り回されないでください。

まだデータが溜まりきっていない**最初の３カ月は、一心不乱に動画をアップして最高のスタートダッシュを決めてください。**

視聴者が安定していない段階で、数字を意識してもあまり意味がありません。

最初の３カ月で最高のスタートダッシュを決めてください。

動画の法則4

最初からクオリティを求めるな

質より量が大事な理由

せっかく作るなら、クオリティの高い動画にしようと思っていませんか？

しかし、**スタートダッシュに必要なことは質ではなく「量」です。**

人に顔を覚えてもらうために、もっとも手っ取り早い方法は、見てもらう回数を増やすこと。

そして、ある程度動画を出さないと、コンセプト自体が失敗しているかどうかも分かりません。

たとえば、駅前で演説をしている選挙の候補者がいるとしましょう。

毎日演説している人と、1週間に一度しか演説しない人、みなさんはどちらをより認識するでしょうか？

同じ条件であれば、毎日演説している人を覚えるはずです。

心理学の世界には、「単純接触効果」（ザイオンス効果）と呼ばれる心理法則があります。

分かりやすく説明するなら、「5回訪問すると契約の確率が上がる」という具合に、営業初心者であれば最低5回は顧客と接触した方がいいというものです。

実は、動画視聴にも当てはまることです。

『令和の虎』にも登場する林尚弘社長も、『フランチャイズチャンネル』で、1日に動画を3本アップしています。月に換算すると約90本です。

林さんほどの知名度がある方でも、時間もコストも費やして、いまだに場数を重視しています。

YouTube・フランチャイズチャンネル
https://www.youtube.com/channel/UCXVW9P_uDdOtWA1DeeliNTA

僕は長年の経験から、この **「5度見の法則」** を実感しています。

初めて見た動画をそれなりに気に入って、そのチャンネルの他の動画も見てみようとなったとき、5つの動画を見てくれれば、そのチャンネル（あるいはTikTokだとアカウント）のファンになっている可能性が高いです。

5回見てくれたら、視聴者はあなたのことを「準知人」のように認識します。

また、「セブンヒッツ」と呼ばれるロジックも存在します。

こちらは、5回ではなく、消費者が広告に7回触れれば、その商品やサービスに対する認知度が向上し、購入率が高くなるというものです。

一般的に、人は情報に3回接することで、その対象を認知すると言われています。7回接することに成功させれば、商品を手に取りやすくなる――こうした研究は、科学的にも立証されていることなので、接触回数が増えるほど、人間は「気になる」存在として頭の中にインプットされてしまうわけです。

1本1本に時間をかけて、かっこいい音楽やスタイリッシュな編集をするだけで、クリック率が伸びるなら、誰もがそうしています。

ですが、どんなにこだわっても、肝心の企画や動画が面白くなければ離脱してしまいます。

狙う視聴者層の**「共感」「あこがれ」「問題解決」から最適解を考え、打席に立ち続けること**の方が、はるかに重要なんです。

コロナ禍の頃、YouTubeでは再生数の0・01%が、問い合わせにつながると言われていました。つまり、1万回再生されて、ようやく1件の問い合わせが来るということです。

この数だけを見ると、途方もない確率だと感じると思います。

しかし、1000回再生される動画を10本作って、その動画の総再生数が1万回。その結果、1件だけ問い合わせが来た場合、こちらも同じく0・01%です。

先述したように、同じ0・01%でも、動画を10本作って生み出した総再生数1万回の方が、認知されていくプロセスも早いし、クリック率が高く、視聴時間も長くなれば拡散される確率が1本しか動画がないより10本の方が圧倒的に高くなります。

自分が期待している以上に見てくれない

自分が思っているほど、人は自分のことを見ていない……と、よく言いますよね？

同様に、動画も自分が期待している以上に見てくれはしません。

自意識過剰は、何も役に立たないんです。

僕がこれから動画を始める人に、**目指すべきは100点のクオリティではなく、60点でいい**、と言っています。

一つひとつ変にこだわっていると、なかなか前に進みません。

公開回数が多ければ多いほど、クオリティも上がっていきます。演者力も磨かれるし、カメラの前で話すことに慣れて「ノって」話せるようになるはずです。

自分の得意不得意も分かってきて、気がつけば**60点**が**70点**に上がっています。

ここまで読んでいただいた方の中にはいないと思いますが、**「60点のクオリティのものは恥ずかしい」といったプライドがあるなら、いますぐ捨ててください。**

その変なプライドで、知ってもらえる機会を自分から失うなんて本当にもったいないです。

もし見直したときに、「恥ずかしい」と思う動画があるなら、知名度が上がってきてから非公開にしたっていいんです。

実を言うと、僕もＴｉｋＴｏｋでは、鍵付きにして公開していないものが21本もあります。

どんな動画かというと「学生のみなさんへ」と偉そうに演説している動画や「経営者の彼女になる方法」なんて、いま見たら顔から火どころか魂が抜けてしまいそうなほど恥ずかしい内容の動画です（笑）。

納得いかないものは、1周回ったあとに判断すればいいんです。気に食わないと消してしまった動画が、もしかしたらヒーローコンテンツになる可能性だってあります。

最初から動画のクオリティを求めない。ぜひ忘れないようにしてください。

動画の法則5

演技は、やりすぎくらいでちょうどいい

「見え方」に細心の注意を払う

きちんと自分のキャラクターを演じることができるか、できないか。

これは人気になる動画とそうではない動画を分ける、大きなポイントです。

恥ずかしそうにしていたり、素のままで登場したりすると、見ている人は逆に引いてしまい、離脱されてしまいます。

誰かに動画を見てもらうことは、舞台に上がるようなもの。人から見られているにもかかわらず、衣装に着替えずに素のまま演じることは、ものすごく有名な人以外は成立しません。舞台に上がる以上は、きちんと作り込む必要があります。

いくつか演じるにあたってテクニックがありますが、ここでは重要な2つを紹介します。まずひとつ目は、**「オーバーリアクションを心がける」**ということです。人に何かを伝えようとしているわけですから、少し過剰な方がより届きやすくなります。

僕自身、動画を撮る際は、少し大げさに身振り手振りをするようにしています。リアクションが大きければ大きいほど、人は見入ってしまいます。お笑い芸人さんを見ていても分かると思いますが、リアクションが大きい人と小さい人とでは、笑いを生み出す量がぜんぜん違います。

2つ目のポイントは、**「いつもよりも1・5倍のテンションで話すようにする」**ことです。

カメラに向かって話しているとき、自分の中ではこれくらいで大丈夫だろうと思っていても、実際に聞き直すと、ほとんどの人が7割程度のテンションにまで下がっていることが多いです。1・2倍のテンションで、いつも通り。1・3倍でいつもより若干テンションが高いくらいです。そのため動画を撮る際は、1・5倍のテンションでちょうどいいんです。

といっても、なかなか1・5倍のさじ加減が分からないと思います。

そこで、いつもの声がドレミファソラシドの「**ド**」だとしたら、「**ラ**」のトーンで話すようにしてくださいとよく言っています。

ただし、オタク系の動画などは、その業界に好まれるトーンがあると思うので、そちらを優先してください。しかし、とくに好まれるトーンがない場合は、オーバーリアクションと声のトーンに留意するといいでしょう。

いつもより不自然な自分を演じることに不安を覚える人もいるかもしれませんが、大丈夫です。

自分を被写体にして動画をあげている人は、誰もがいつもの自分より少し上乗せしてキャラを演じています。

周りもそうなのですから、あなたがやっても不自然ではありません。あなたが考えに考え抜いた動画なのですから、最後の味付けは自分自身です。「これで大丈夫だ！」と思い込むこと。

舞台に上がるわけですから、**思い込みの魔法を自分にかけるように。**

視聴者にストレスがない動画を目指す

視聴者はいわば動画を見るプロ集団です。

そんなプロから見ると画質が悪い、音質が悪い動画はストレスになり離脱のきっかけになってしまいます。

ライバルに負けないためにも細かい気配りが必要です。

明るさは大丈夫か？

音声がきちんと聴こえる環境か？

特に僕たちは音にはこだわっており、ワイヤレスマイクとまでは言わないので、ぜひマイクは使用して撮影にのぞむようにしてください。

動画の編集はリズム感で決める

個人的なことで言えば、僕はバンド活動をしていたからなのか、動画のリズムにこだわっています。リズムを言葉で表現するのは難しいのですが、僕の動画を何度か見てもらうと、その感覚が掴めるかもしれません。画面切り替えのタイミングや寄り引きのタイミングなど、見ていて違和感がなく気持ち良くなるテンポで編集しています。

テンポ感のない場所は、離脱されやすいタイミングです。テンポが気持ち悪いと見ていて違和感があり、ストレスを生んでしまうので注意が必要です。

動画の法則6

分散型メディアで、拡散しよう

作った動画は使い倒さないと、もったいない

僕たちは「分散型メディアを作りましょう」と推奨しています。

せっかく作った動画をひとつのメディアにしかアップしないなんて、世界新記録を樹立したのに親にしか報告しないのと同じこと。

社内でもよく「アピールは大事」と僕は言うのですが、たくさんの人に知ってもらわないとどんな偉業も紙屑同然。

しかも分散型メディアは、全て無料でできるんですよ？

やっていない方がいたら、なぜやらないのかマジ意味不明です。

それくらい使い倒してほしいんです。

ＹｏｕＴｕｂｅ（ｓｈｏｒｔｓ含む）、ＴｉｋＴｏｋ、インスタグラム、フェイスブック、ＬＩＮＥ　ＶＯＯＭは最低限おさえておいてほしいメディアです。

各媒体において微妙な最適化の違いはありますが、まずは行動。あとから知識をつけて改善していけばいいんです。

ＹｏｕＴｕｂｅは見るけどＴｉｋＴｏｋは見ない人もいれば、インスタは見るけどＹｏｕＴｕｂｅは見ないなんて人もいます。

頑張って作った可愛い我が子（動画）でせっかくの機会を取りこぼさないように「分散型メディア‼」を頭に入れておいてください。

分散型メディアでのXの活用法

満を持してアップした動画なので、少しでも多くの人に見てもらいたいのが人間のさが。よかれと思ってフェイスブックやXで「ＹｏｕＴｕｂｅ始めました～」とＵＲＬを貼った投稿をよく見かけます。

これ、絶対にやめてください!!!!

ほかのプラットフォームからの流入を「外部流入」と言うのですが、自分のＳＮＳから直リンクを貼った投稿、誰が見てくれると思いますか？

そう、お友達か知り合いです。

その人達は、本当に動画を見たい人たちではなく、「○○がＹｏｕＴｕｂｅ始めたのか、どれ少し見てみるか」くらいの気持ちのご祝儀視聴です。

軽い気持ちで入ってくるので、動画の最初の方をちょろっと見て「こんな感じね」と離脱してしまうのが大半です。

これは、**アルゴリズム的にノイズにしかなりません。**

では、どうしたらいいのか？

僕のおすすめは

最初は再生数が伸びなくてもオーガニック（自然流入）だけでスタート。

5本ぐらい動画を投稿してから、初めて◯◯始めました。と投稿。


これの何がいいのか？


1本目で始めました投稿をしてしまうと、1本しか見てもらえないんです。

いや、1本しか見ることができないんです。

でも、5本投稿してからだと先ほど説明したご祝儀視聴の離脱者も一定数いますが、本当に興味を持ってくれた人はその後何本か見てくれます。

1本しか見てくれないより、5本中3本見てもらえた方が嬉しくないですか？

そういう回遊機会を1本目で告知してしまうと逃してしまうんです。

なので、始めたことを伝えたい気持ちをグッと堪えて、複数本を投稿した後に告知をしてください。

もう一段上のテクニックとして、**サムネイル等の画像をXやフェイスブックの投稿に貼って、本当に興味を持ってくれた人だけを「チャンネルトップ」へと誘導する方法**もあります。

直リンクで該当動画へ飛んでしまうと再生数はカウントされますが、クリック率は反映されないんです。何度も言いますが、AIはエンゲージメント率を見ています。

チャンネルトップへリンクを貼ることは、視聴者からすると見たい動画がすぐ見えずに一手間増えますが、クリック率に反映されるし、本当に興味がある人しか飛んでこないので視聴者維持率も伸びます。何より、該当動画を探している間にほかの動画も気になって見てくれるかもしれません。

投稿してすぐに告知をしてしまうと、チャンネル上位に動画が上がっていて見つかりやすく、回遊の機会損失を生んでしまうので、**時事ネタ以外は何本か前の動画を投稿することをおすすめします。**

こういったテクニックを活用しながら知名度を上げていきます。

動画の法則7

自分のチャンネルに適切なライバルを設定する

いきなりメジャーリーガーは目指さない

知名度は、いきなり上がらない。

そして上を見たらキリがない。

YouTubeだと、登録者が1000人を超えているチャンネルは、わずか2%だと言われています。

1本しかアップしていないようなチャンネルも含まれるとはいえ、ものすごく狭き門だと分かると思います。

登録者数が10万人を超えるようなチャンネルはまさに大リーガーのような存在です。上ばかりを見ていては、モチベーションが保てません。

モチベーションを保つには、身近なライバルに勝っていく成功体験の積み重ねが大切です。

だから僕はその都度**フェーズに応じてライバルを設定する**ように言っています。

登録者数の目安で言うと、まずは300人。それくらいの規模のライバルを見つけて、そのチャンネルに勝つ。

そして、5000人、10000人、30000人、50000人、1万人とステージを上げていきます。

同じジャンルで自分より少し上のチャンネルを見つけて、設定したライバルの動画よりも自分の方が再生数が多いと「よし!」とテンションが上がります。

そして、追い越したら新しくもう少し上のライバルをターゲットに設定し、成功体験を積み重ねてください。

「身近なライバルを設定する」ことは、継続するモチベーションにもなります。

繰り返しますが、まずは小さなパイから、自分の動画が好きなファンを作ることを目指してください。

動画の法則8

続けていれば、必ず伸びる

伸びるまでは、学びの時間と思え

いざアカウント運営を始めると、フォロワーや再生数が思うように伸びず、つらい時期が続きます。

AIが、このアカウントはどういうジャンルで、どういう属性に表示させればエンゲージメントが高いのかを見定めています。その期間は、どうしても数字が追いついてこず、焦る時間が続きます。

アカウントを伸ばすうえで、もっとも大事なのは、継続することです。

だから、苦にならずにできる動画は何なのかと「自分を知る」ことが大切なんです。

自分が「ニッチ×ニッチ×ニッチ」で導き出したコンセプトは、間口こそ狭いかもしれませんが、あなたが「勝てる」と判断したもののはず。

まずは、類似動画の中で、トップクラスの再生数を回すまで、ひたすらその動画で勝負してください。

動画を作り続けるのは、想像している以上に大変です。

みんなが休んでいるときに見てくれる動画を作ってアップするのですから、一緒になって休んでしまったら、その分のチャンスを失います。

知名度を獲得するのは、そう簡単ではありません。

新しく何かを始めるときは、やはり質ではなく量です。

質にこだわるのは、ある程度知名度が上がってきてからでいい。それよりも、ファンになりそうな視聴者が分かっているのだから、その人たちに向けてとにかく動画を作って、どんな反応があるかを吸収した方が得るものが大きいです。

人は時間を使った分だけ（何度も目にすることで）相手を好きになっちゃう生き物なので、量という洪水でどんどん目に触れる機会を作ってください。

「最初の3カ月が勝負」と話しましたが、**自分と視聴者（の属性）をチューニングする柔軟性も大切です。**

最初から、自分が設定したペルソナと完全に一致することは、なかなかありません。そのため、コンセプトからブレない範囲で、コメント欄の反応などを見ながら修正する柔軟性が重要です。

チャンネル登録者数48・6万人を誇る『wakatte.TV』もそうでした（2024年1月現在）。

「アホ街ック天国」も企画当初は街頭インタビューで「モテる大学」や「大学生の財布の中

身」を聞くという内容だったのですが、もっとインパクトのある何かが欲しい。

そんなとき、「高田ふーみん」と「ぴーやま」が本人たちや視聴者の心の声を代弁するようなことを言ったところ、ものすごい量のコメントが集まりました。

その反響からヒントを得て「学歴モンスター」というキャラが生まれたんです。


知名度が上がってくると、絶対と言っていいほどアンチが湧いてきます。

アンチは容赦無く心ない言葉を投げてきます。

でも、めげないでください。本当のアンチというのは少なくて、あなたの動画を隅々まで見てケチをつけてくる「あなたのことを大好きな人」なんです。

ただ、ちょっと愛情表現が下手なだけな人たちなんです。本人でも気づかないようなところを見つけて突っ込んできてくれるファンなんです。


コメントが来るようになったら気に入らないものは無視をして参考になるものを取り入れてチューニングしていく。「急がば回れ」ならぬ「急がば学べ」です。

成功する秘訣は、成功するまでやめないこと。

この一言に集約されます。

「何を当たり前のことを」と怒られそうですが、多くの人が「なんだ増えないじゃないか」と途中でさじを投げてあきらめてしまいます。

勝手にライバルが土俵を降りていってくれるんです。だから継続すれば**「必ず」**伸びます。

ＡＩが拡散してくれれば、必ず伸びるんです。

何度も言いますが、**AIがあなたのアカウントをどういうチャンネルか理解するまでが勝負。**

ゴールが見えない暗闇を泳ぎ続けるのは、つらいですよね。

実際、多くの人がゴールは**あと少し先**にあったかもしれないのにやめてしまう。

絶対に知名度を上げたい――。その気持ちだけは絶対に忘れないでください。

質より量と言いましたが、量より大事なものがありました。

それは**情熱**です。

誰しもに平等に与えられたもの。それは1日が24時間だということ。知名度があろうがなかろうが1日は24時間です。

やる気と時間は誰でも確保できます。

本気でやると決めたのならライバルより動画に向き合ってください。

1日1時間しか時間を使わない人と、3時間使う人とでは、しっかり知識を入れて取り組めば、3倍以上の差が付きます。一部の天才をのぞいて、人より長く時間を費やした方が上手くいくに決まっています。

つまり問われているのは、質でもなく量でもなく情熱があるかどうかです。

動画の法則9

誰かのために使え 手に入れた知名度は

知名度が上がったあと、何をするか？

僕が「はじめに」の最後に聞いたことを覚えていますか？

「知名度が上がったら、自分が本当にしたいことは何か？」という質問です。

動画の世界ではフォロワーが多い人でも、現実社会ではまったく知られていないことは珍しくありません。

人気YouTuberと呼ばれている人の中で、極めて高い知名度がある人はヒカキンさんやはじめしゃちょーさんなど一握りにすぎません。

いわば、その業界の中で知られている知名度（業界内知名度）と、業界の外でも知られている知名度（業界外知名度）は別です。

SNS上、つまりオンライン上で知名度を向上させることができたなら、**その知名度をいかしてオフラインである現実社会で人間的魅力を磨くことも忘れてはいけないと思っています。**

「人間関係がダメでも成果が出てればいいよね？」と言う人がいますが、個人的には、ものすごくもったいないことだと思っています。

知名度を向上させることができれば、集客や採用の可能性が格段に向上します。企業であれば、上がった知名度をいかして、さらに大きな仕掛けを展開するなど、次の一手を考えるでしょう。

しかし、個人の場合、プチタレント化して天狗になり、最終的に下火になってしまうというケースが往々にあります。

知名度が上がったからといって、自分がタレントのように全国的に有名になったわけではなく、獲得したら「それで安泰」という話ではありません。

「知名度をいかして何ができるか」が大事なことであって、上がった知名度に腰掛けてしまうのは、自らの消費を早めるだけです。

「もっと大きなお金を稼ぎたい」「地元の町おこしをしたい」「困っている人を助けたい」など、拡大した知名度をいかして、何をしたいかは人ぞれぞれでしょう。

しかし、間違いなく言えることは、知名度が拡大したからこそ、オンラインであるSNSの中だけで完結せずに、現実社会の中でも「誰かの役に立つこと」を増やすべきだということです。

せっかく動画という領域の中で人気を得ることができたのですから、外に飛び出して、さらに知名度が上がるように取り組んでください。

本書で書いた知名度の上げ方は、オンラインでもオフラインでも本質は変わらずに使えます。

最後に一言。

あなたは最高にイケてます。

誰にも真似できない、世界でたった一人の人だから。

まとめ

法則6 分散型メディアで、拡散しよう

せっかく作った動画を広めるために、活用できるメディアは全て使いこなせ！

法則7 自分のチャンネルに適切なライバルを設定する

自分のステージに応じてライバルを設定する。まずは300人から、1000人、3000人、5000人と増やしていく。

法則8 続けていれば、必ず伸びる

YouTubeやTikTokは継続すれば「必ず」伸びる。AIがあなたのアカウントをどういうチャンネルか理解されるまで続けろ。

法則9 手に入れた知名度は誰かのために使え

SNSで得た知名度は、現実世界にいかして初めて意味がある。

法則1　ショート動画を使いこなせ

ショート動画は、インプレッションを増やすための飛び道具！

知名度を上げるために最大限活用しよう。

法則2　アルゴリズムを味方につける

「クリック率」「視聴者維持率」「総再生時間」を上げて、AIに拡散してもらおう。

法則3　最初の「3カ月」で全てが決まる

最初の3カ月は、「自分はこれで勝負する」という動画をアップし続けよう。

法則4　最初からクオリティを求めるな

完璧主義はやめろ。60点でいいから、動画を作りまくれ！

法則5　演技は、やりすぎくらいでちょうどいい

動画を撮るときは、いつもの1.5倍のテンションで挑め。思い込みの魔法を自分にかけろ！

おわりに

いかがでしたか?

少しでも、知名度を取り巻く環境が伝わったのなら幸いです。

知名度はゼロを1にするのが本当に大変で、想像を絶する地道な努力が必要です。

ただ、なんの努力もせず成果を手に入れることは、どの分野においても難しいので、特殊なことをしろと言っている訳ではありません。

今回は、知名度をゼロから1~3にするファーストステージにフォーカスを当ててお伝えしてきました。

なぜならこの部分が本当に大変で、皆つまずいてしまうからです。

本文にも書きましたが、アナリティクス的に良い傾向が出ていて「あと少しで伸びたかもしれない」というアカウントや、コンセプトは悪くなく「魅せ方を変えたら伸びるのに」なんてアカウントをたくさん見てきました。

しかし、正しい知識がないために、思ったように結果が伴わずモチベが下がってしまったり、費用対効果があわないという理由で、更新が止まってしまうアカウントは本当に多いんです。

いまみなさんが目にしている動画は、ＡＩが属性を見ながらインプレッションしてくれている氷山の一角にすぎません。

その下には何千倍、何万倍という数のコンテンツが日の目を浴びようと、もがいています。

ネット上には、たくさんの情報が出ています。

なかなかスタートを切れない人の多くは、情報収集ばかりして頭でっかちになり前に進めなくなってしまいます。

完璧主義はやめ、進みながら考え、考えながら進んでください。やってみないと分からないことがたくさんあります。

動画を使ったら、「すぐに売上や集客につながるんでしょ？」と安易に考えている人も、ものすごく多いです。

そんな甘い世界はないです。いい情報ばかりを信じず、反対意見もしっかりと受け止め、自分を知り、トレンドを知って投稿を楽しんでください。

あとは、**やるかやらないか**だけです。

人生は、常に選択の連続です。

今日、ネイビーのジャケットを着るか、黒のジャケットを着るかも選択だし、お昼ご飯にパスタを食べるか、ハンバーグを食べるかも選択です。

好きな人をデートに誘うとき、動物園に行くか、水族館に行くか。転職をするときにAの会社に行くか、Bの会社に行くか……人間は生きている以上、毎日が選択の連続です。

でも、どっちを選ぼうが、選んだ先には良いことも嫌なことも必ず待っています。動物園をデートに選んだとして、デートは盛り上がったけど、ご飯は美味しくなかった。それって良いことと嫌なことが両方あったということですよね。

水族館を選んだとして、イルカショーはとても面白かったけど、水がかかって相手のテンションが下がってしまったら、やっぱり良いことも嫌なことも降りかかったことになります。

ですから、選択に迫られたとき、そんなに悩む必要ってあるのかなと思うんです。本人が100点だと思って選択したことでも、嫌なことは絶対に起こります。

僕は中卒です。学歴で中学校卒業と東京大学卒業、どちらの方がいいかと聞かれたら、ほぼ100%が東大卒を選ぶと思います。

でも、東大を卒業してエリートコースを歩んでいても、悪いことは起こります。もしかしたら、その悪いことがきっかけで大変な目に遭うことになるかもしれません。

ビジネスも同じです。

いま、ものすごく調子が良くても、どこに落とし穴があるか分かりません。お金をたくさん稼げている人も、お金に腐心している人も、生きている以上、同じだけ選択に迫られます。その選択の先には、必ず良いことも悪いこともある。だったら、そのときに最善の策が考えられるような心の持ちよう、人間関係の形成があればいい。

自信を持って生きていれば、目の前の選択肢にとらわれすぎることはないと思うんです。

目先を追っても仕方がありません。

遠い目標を定めて、しゃにむに走り続けるだけです。

常に選択の連続なわけですから、どっちを選ぼうが、せいぜい左回りになるか右回りになるかくらい。最終的にたどり着くことが大事です。
最初からこっちで行くと決めてしまうと、次から次に迫る選択に圧迫されて、身動きが取れなくなります。

ゴールはあるけれど、ルートは柔軟に。完璧を求めすぎないようにチャレンジしてください。

『令和の虎』だって、最初はまったく違う企画から誕生した企画でした。完璧を求めないから柔軟な発想ができたんです。

自分のやっている仕事は意味がある、自分たちが開発しているものは世の中の役に立つ、自社はたくさんの人を喜ばせられるだけのポテンシャルがある——、そう思うなら、その自負や誇りを、知名度という最強のツールを上手く活かして生きた証として刻んでください。

自信があるなら、自分（たち）の存在を世の中に声を大にして届けてください。

知名度がないと、伝わるべきものも伝わりません。
故・スティーブ・ジョブズも言いました。

「伝えなければ、ないのと同じだ」と。
どんなに良いものでも、知られなければ存在しないのと同じなんです。

知名度がないと、伝わるべきものが伝わりません。自信があるなら伝えにいきましょう。
「チャンスの神様は前髪しかない」といいます。誰もがスマホを持ち、どこでも動画を楽しんでいる。近い将来、誰もがチャンネルアカウントを持つ時代が到来します。今なら勝機は十分にあります。

知名度を上げるのに、無名でも学歴なしでも一切関係ありません！
前に一歩踏み出すか、踏み出さないか。

あなたが作ったコンテンツを目にする日を、楽しみにしています。

《参考文献》

櫻井大輔『なぜ、人と仕事に困っているのにSNSを始めないんですか?』ディスカヴァー・トゥエンティワン、2022年

日経エンタテインメント!(編集)『TikTokショート動画革命』日経BP、2021年

三田紀房『マネーの拳(1)(ビッグコミックス)』小学館、2005年

［著者略歴］

竹内亢一（たけうち・こういち）

株式会社Suneight 代表取締役

1981年、三重県生まれ。中学校卒業後にミュージシャンを目指し鞄ひとつで上京。バンド活動で訪れた海外にて「映像」が秘める可能性の大きさに注目し、2006年から動画制作を独学で始める。YouTuberやコンテンツマーケティングといった言葉が日本で広まる前からYouTubeに着目し、2013年YouTubeマーケティング会社「Suneight」を設立。【顧客を話題の真ん中に】を理念に10年間培ったノウハウで上場企業から個人事業主までを成功に導く。『令和の虎』にも出演中。動画マーケティング国内トップクラスの実績を誇る。現在はタイに拠点を移し、動画マーケティングASEANナンバーワンを目指し、知名度を磨いている。

知《ち》名《めい》度《ど》の上《あ》げ方《かた》

2024年2月11日　初版発行

著　者　竹内亢一

発行者　小早川幸一郎

発　行　株式会社クロスメディア・パブリッシング
〒151-0051 東京都渋谷区千駄ヶ谷4-20-3 東栄神宮外苑ビル
https://www.cm-publishing.co.jp
◎本の内容に関するお問い合わせ先：TEL（03）5413-3140／FAX（03）5413-3141

発　売　株式会社インプレス
〒101-0051 東京都千代田区神田神保町一丁目105番地
◎乱丁本・落丁本などのお問い合わせ先：FAX（03）6837-5023
service@impress.co.jp
※古書店で購入されたものについてはお取り替えできません

印刷・製本　株式会社シナノ

ISBN978-4-295-40933-5　C2034